CORBATAS CON CORAZÓN

POR QUÉ LA EMOCIÓN ASOCIADA A LA RAZÓN PUEDE CONSEGUIR RESULTADOS SORPRENDENTES EN LA VIDA Y EN LA EMPRESA

CARLOS MARÍN RUIZ

KOLIMA BOOKS

Título original: Corbatas con corazón

Primera edición: Noviembre 2017
© 2017   Editorial Kolima, Madrid
www.editorialkolima.com

Autor: Carlos Marín Ruiz
Dirección editorial: Marta Prieto Asirón
Maquetación de cubierta: Sergio Santos Palmero
Maquetación: Carolina Hernández Alarcón

ISBN: 978-84-16994-49-6
Depósito legal: M-30088-2017

*A mi esposa Conchi Molina, «Con»,
compañera de sueños*

A mis hijos Álvaro y Jaime

ÍNDICE

INTRODUCCIÓN

Me he decidido a escribir este libro porque creo que debo contar, siempre con el ánimo de ayudar, mi experiencia de transformación.

Mi vida profesional la he dedicado a la empresa en el área de las finanzas, como director financiero de varias compañías y he de deciros que el campo financiero es un campo muy racional, aunque yo siempre he llevado conmigo un componente emocional muy importante, a veces latente y desde hace unos años en estado patente.

Escribir es para mí la mejor forma de conceptualizar, demostrar capacidad de crear, expresar lo complejo, sacar a la luz ideas y sentimientos que llevas dentro, y también una forma de compromiso contigo mismo y con los demás.

La escritura me ha permitido mostrar mi lado más genuino y relacionar lo escrito con mis conocimientos de empresa, dando así lugar a una simbiosis entre razón y emoción, entre corbata y corazón que me ha generado importantes cambios.

Empecé a recopilar frases y reflexiones que me hacían comprender mejor muchos conceptos y a darles un sentido práctico según mi vivencia, seguidos de un mensaje de aprendizaje o aplicación en la vida y en la empresa. En realidad lo que subyacía era la búsqueda incesante de mi mejor versión, aplicada en este caso a la gestión empresarial y a las personas.

Para canalizar adecuadamente esa inquietud cursé un Máster en *Coaching* e Inteligencia Emocional con resultados sorprendentemente positivos, tanto en mí como en las personas de mi entorno, y he obtenido importantes logros y reconocimientos profesionales.

Aquí expreso esas frases y reflexiones sobre aspectos tanto personales como empresariales, que me han hecho comprender mejor el mundo al incorporar la parte emocional, lo que ha aportado una notable mejora en mi relación con los demás y conmigo mismo, consiguiendo un estado de paz que creo es la base de la felicidad.

Espero que este libro contribuya en cada uno de vosotros a despertar la llama que seguro lleváis dentro, a mostraros inconformistas con situaciones que no sean coherentes con vuestra capacidad y forma de ser, a valorar más el lado emocional que tanto aporta y a demostrar que el plano emocional puede convivir en la empresa y en la vida con el plano racional y además generar resultados extraordinarios.

Esto no quiere decir que las decisiones se tomen solo con el corazón, pero encontrar un equilibrio con la razón supone una base de partida que favorece mucho la generación de un entorno estable para tener un plano más amplio a la hora de decidir, lo que a la larga redundará en beneficios, ya que permite ver y contemplar aspectos que si no pasarían desapercibidos y que luego resultan ser transcendentales.

Las frases y reflexiones que comentaré a continuación irán alternadas con mensajes personales y empresariales para acostumbrarnos a convivir con ambos.

Termino esta introducción con una frase de Santiago Álvarez de Mon (profesor del IESE Business School), que quizás sea la clave de todo lo que viene a continuación:

«QUIZÁS LA VERDADERA SEDE DE LA INTELIGENCIA NO SEA LA RAZÓN, SINO EL CORAZÓN. UN CORAZÓN INTELIGENTE Y UNA RAZÓN SENSIBLE FORMAN UN TÁNDEM IMPARABLE».

1. LA FELICIDAD, ESA CHICA VESTIDA DE GRIS

> *«La felicidad es esa chica de gris que va en tu departamento de tren y que, de pronto, dices: `¿No había una chica vestida de gris?´ Y te dicen: `Sí, se ha apeado ya´...»*

ANTONIO GALA

Definir la felicidad no es nada fácil. Para mí la felicidad es un estado de paz, de tranquilidad contigo mismo y con los demás, un estado de plenitud que, una vez lo saboreas, lo guardarás como un tesoro y no querrás que nada ni nadie te lo pueda arrebatar.

Ante esto todo lo demás es relativo; se empequeñecen los problemas y ves positivismo a tu alrededor. Ello no quiere decir que te dé todo igual, ni mucho menos, pero cambia tu punto de referencia. En tus relaciones personales predominará una actitud ganar-ganar, que quiere decir que siempre considerarás a los demás en tus decisiones, cómo les afectan estas y si hay otra alternativa con mayor equilibrio para ambas partes; esto no debe confundirse con la empatía, que es ponerse en el lugar del otro sin defender una postura propia un lugar desde donde solo escuchas y comprendes.

A veces la felicidad pasa desapercibida aun cuando se esté en ella, porque la eclipsamos con preocupaciones, casi siempre del pasado o del futuro, pero siempre está en el ahora, y esto tenemos que tenerlo muy presente porque la felicidad es un trayecto, no un destino.

He escuchado a muchas personas hacer planes «para cuando me jubile», mientras dejaban de vivir el momento presente, atesoraban dinero y prescindían de necesidades hoy para satisfacerlas mañana, pero no funciona así.

Quizás muchos digáis: ¿pero cómo lo hago? Evidentemente yo no tengo el secreto de la felicidad, es simplemente una percepción personal. Pero a través de las distintas frases y reflexiones que aparecen en este libro quizás pueda transmitiros lo que yo siento al respecto.

«POR FAVOR NO PERDED DE VISTA A LA CHICA DE GRIS, TRABAJADLA DÍA A DÍA, QUE LUEGO CUANDO NO ESTÁ, CUANDO DESAPARECE ES CUANDO SE LA ECHA DE MENOS».

2. NO METAS TU VIDA EN UNA CAJA DE CARTÓN

La sorprendente quiebra del banco de inversión Lehman Brothers en 2008 dejó a miles de empleados sin trabajo de la noche a la mañana.

En cuanto se conoció la noticia, los fotógrafos se apresuraron a captar las mejores instantáneas y sus objetivos se centraron en la imagen de los empleados abandonando la oficina con cajas de cartón (ya sabéis que en Estados Unidos cuando se despide a alguien, se le da una caja de cartón con sus efectos personales y ya no puede volver a su puesto de trabajo).

¿Cuántas historias tan diferentes habrá detrás de esas cajas de cartón? Unos habrán supeditado su vida a su trabajo haciendo de este su fin existencial; para otros en cambio el trabajo solo habrá supuesto un medio, y habrán constituido su vida más allá de la oficina, cultivando su persona y su existencia, cuidando y fortaleciendo su forma física, sus relaciones sociales, su familia, sus contactos profesionales, haciendo otras actividades al margen del trabajo y, en definitiva, creando alternativas vitales.

Para los primeros, la caja de cartón representa realmente su vida y, cuando lleguen a casa, esa caja permanecerá en su habitación o despacho; no se atreverán a vaciarla y se irá haciendo más y más pesada. Tendrán problemas para hacer algo fuera de ese trabajo, tendrán dificultades para construir relaciones sociales y amigos, tendrán inseguridad en la búsqueda de un nuevo empleo; el primer rechazo será una losa porque pensarán que solo valían para aquel trabajo del que fueron despedidos y sobre el que habían construido su vida.

En cambio, para los segundos, la caja de cartón será solo eso, una caja; sacarán de ella sus efectos personales, la tirarán al contenedor y trabajarán activamente en la búsqueda de un nuevo empleo al mismo tiempo que mantendrán su entorno vital y la seguridad en sí mismos, porque su vida la habían construido en torno a sí mismos y no al trabajo.

Conozco muchas personas que viven solo para el trabajo, que viven solo para sus hijos, su pareja, sus padres, sin preocuparse de sí mismos y justificando su vida través de los demás. Pero ¿y tú? Si tú no te ocupas de ti, ¿quién lo va a hacer por ti?

Cuando en la vida nos lo jugamos todo a una carta y esta cae, nos encontramos perdidos. Por eso en primer lugar tenemos que preocuparnos de nosotros mismos y crear alrededor nuestro un mundo con alternativas, un mundo abierto, con piezas intercambiables cuyo centro somos nosotros. Quiérete, cultívate, aprende día a día, ilusiónate a cada instante. Te invito a crecer hasta convertirte en un gigante al que nada ni nadie pueda derribar.

«POR FAVOR, ¡¡¡NO METAS TU VIDA EN UNA CAJA DE CARTÓN!!!!»

3. THINKING OUT OF THE BOX[1]

Sabemos que el ser humano es un ser relacional y que se relaciona siguiendo unas reglas y unas normas sociales establecidas que permiten homogenizar nuestros comportamientos, y que considero necesarias. El problema surge cuando todos esos condicionantes y normas los interpretamos tan rígidamente que no nos permiten movernos incluso dentro del margen de actuación que los mismos nos conceden, que no es otro que el que con nuestra conducta o

---

1 Pensando fuera de la caja.

actitud no invadamos el campo de los derechos, el respeto y la dignidad de los demás.

Te invito a que no estés continuamente interpretando al pie de la letra la partitura de estas normas; no cantes siempre en el coro de la vida y hazlo a veces como solista, dejando tu impronta, tu marca.

Debes elegir lo que quieres ser, causa o efecto, original o copia. Mi recomendación es que crees tu propia luz, tu propio estilo; valora o descubre aquello que te hace brillar, que te hace diferente y no te dé miedo pulsar tu propio interruptor. Sí, ya sé que es cómodo ser el reflejo de otros, que las baterías las ponga otro, pero es muy gratificante ser tú el que irradies, el que ilumines tu propio camino y a veces el de otros.

Como anécdota te diré que una empresa de *headhunters* solicitaba un perfil para el puesto de Director General con el siguiente titular: «Se busca Director General capaz de pensar `out of the box`». Esta característica está siendo ya demandada en las búsquedas de candidatos.

Alguien que piensa fuera de la caja es alguien que propone soluciones diferentes, que desafía lo establecido, que asume riesgos, que es inconformista y, al mismo tiempo, que es capaz de calibrar el impacto de sus decisiones en sus proyectos y en los demás. Los pensadores dentro de la caja aceptan el *status quo*, no asumen ningún riesgo y ven las iniciativas innovadoras como una amenaza y no como un reto.

Tampoco consiste en forzar las situaciones, ya que a veces por este motivo acabarás haciendo planteamientos que son auténticas tonterías.

Recuerdo una frase que me dijo un antiguo jefe hace ya bastantes años: «Locuras las que quieras, tonterías ninguna». Desde entonces la tengo muy presente.

Las locuras representan el atrevimiento, la creatividad, lo extraordinario, aquello fuera de lo normal y convencional, pero todo ello siempre argumentado y trabajado, y las tonterías, aquello que desafía el sentido común, la obviedad, la razón.

Al final, si por unas u otras circunstancias no terminas de ser tú mismo y repites comentarios, argumentos y reflexiones que no están a tu verdadera altura, o que por su simpleza, escasa originalidad u obviedad no aportan un verdadero valor diferencial, ese es el nivel que se te va a otorgar, cuando en realidad quizás llevas mucho más dentro de ti, y solo te falte ponerlo en valor. Por ello te invito a atreverte, a ser creativo, a buscar en tu mente, a abrir el plano, en definitiva a ser un «*thinker out of the box*»[2].

Te dejo un enlace de la película *Men in Black* en la que Will Smith y varios candidatos más tienen que rellenar un cuestionario. Sinceramente esta imagen de Will Smith acercando la mesa está muy presente en mí y la aplico a muchas circunstancias de mi vida por pequeñas o insignificantes que parezcan. Contribuye a crear el hábito de pensar fuera de la caja también para circunstancias de orden mayor:

«NO VAYAS DONDE EL SENDERO TE LLEVE, VE DONDE NO HAYA SENDERO Y DEJA HUELLA».
RALPH WALDO EMERSON

---

2   Un pensador fuera de la caja.

4. DUDAR ESTÁ PERMITIDO

¿Es bueno dudar? Yo creo que sí. No me refiero a dudar de todo y a cada paso que des en la vida, sino a una duda inteligente y fundada que te abra alternativas y te haga cuestionar lo establecido.

Para mí no existen certezas absolutas, por eso creo que la duda enriquece el aprendizaje, abre la mente y te hace mirar más allá de tu zona de confort.

Existen distintos tipos de dudas:

- La duda razonable: Para un juez, es el umbral de certeza partir del cual se puede emitir un fallo
- La duda metódica: Por ejemplo, Descartes intentaba encontrar verdades absolutas a partir de las cuales construir el conocimiento. Para ello elaboró un método (el «discurso del método») de crítica y eliminación de todos los conocimientos, ideas, creencias... que hasta el momento habían sido considerados

como verdaderos, pero sobre los cuales, sin embargo, no se poseía una certeza absoluta (en empresa sería, por ejemplo, el presupuesto base cero)

Pero a lo que vamos: ¿debemos admitir como cierto todo lo que nos rodea? ¿Debemos aceptar como inquebrantables todos los mensajes recibidos desde nuestra infancia sobre lo bueno y lo malo, sobre lo que se puede cambiar y lo que no? Si esto es así ¿dónde queda nuestro libre albedrío, dónde queda nuestra capacidad de acción, de cambio, de creatividad, de ser genuinos, de contrastar, de comprender a los demás? Me resisto a admitir sin más lo que me rodea sin albergar la duda razonable sobre determinados aspectos preestablecidos, al menos sin contrastar opiniones y contemplar y analizar las de los demás.

¿Habéis visto la película *El Show de Truman*?

El personaje, Truman, había nacido en un enorme plató de televisión, que era la ciudad en la que vivía. Todo a su alrededor estaba perfectamente planificado por los productores del programa y las personas que convivían con él eran actores.

Su vida transcurría de manera cómoda y tranquila, sin sobresaltos. Pero un día dudó: empezó a preguntarse por las cosas que se repetían sistemáticamente y esa duda lo llevó a atreverse, a salir de su zona de confort, a buscar la verdad sobre lo que estaba ocurriendo. Cogió un pequeño barco y se aventuró a lo desconocido, hasta que chocó con el horizonte, que era un decorado. Allí había una puerta por la que salió al mundo real. El *show* había terminado.

«APRENDER A DUDAR ES APRENDER A PENSAR».
OCTAVIO PAZ

5. LA CAJA ES LA REALIDAD

«La cifra de ventas es vanidad, la de beneficios es sanidad y la caja es la realidad».

Cuando analizamos una empresa, la cifra de ventas nos da una idea de su dimensión, de si es grande o pequeña, y con ese dato empezamos a imaginarnos «cómo es de guapa», como si la empresa se mirase en el espejo a través de una buena cifra de ventas y dijese, «pues no estoy mal», con cierto aire de vanidad.

El punto siguiente es ver si la empresa genera beneficios, es decir, si la imagen exterior se corresponde con lo que se le presupone: «una empresa con ese nivel de ventas debe ganar como mínimo...» y hacemos un cálculo. Si el nivel de beneficios es aceptable decimos que la empresa está sana.

Pero la «prueba del algodón» es su nivel de tesorería, su caja. Podríamos pensar que si una empresa tiene una buena cifra de ventas y un beneficio aceptable, no tiene por menos que generar una caja adecuada, aunque no tiene por qué ser así. No es oro todo lo que reluce, porque puede estar aplicando una política de inversiones inadecuada, no estar gestionando bien su circulante (cobros y pagos), que su política de dividendos no vaya en la línea de la autofinanciación y se reparta hasta el último céntimo que se genere. Pueden ocurrir muchas cosas que hagan que esa aparente salud no sea realmente así.

Por eso la caja es la realidad. Una caja aceptable en un momento determinado no significa que la empresa tenga una salud sostenida; hay que analizar todo conjuntamente y su evolución en el tiempo, aunque la caja es un excelente termómetro de la temperatura de la empresa.

Es cierto que, especialmente en épocas de crisis, la cifra de caja es la que más se resiente, y cuando se llega a umbrales mínimos que hacen peligrar el cumplimiento de los compromisos es cuando se ve si la gestión es adecuada o no, porque con saldos de caja muy excedentarios es más difícil detectar esos niveles mínimos o críticos.

Un amigo me contaba que un profesor de una conocida escuela de negocios puso a los alumnos un caso práctico en el que se aplicaban dos métodos y criterios contables distintos pero aceptados en cada caso, obteniendo por tanto resultados contables diferentes. ¿A que no adivinas qué partida no variaba en ninguno de los dos casos...? Sí, era la caja.

Ten siempre presente la caja y no te dejes embaucar por cantos de sirenas y momentos de euforia. Controla tu ambición y márcate retos realistas, alcanzables y sostenibles porque el día que la caja esté bajo mínimos la echarás mucho de menos.

«CUANDO BAJE LA MAREA VEREMOS QUIÉN LLEVA EL BAÑADOR PUESTO».

WARREN BUFFET

6. THE EISENHOWER BOX O LA GESTIÓN DEL TIEMPO

THE EISENHOWER BOX

	URGENTE	NO URGENTE	
IMPORTANTE	HAZLO AHORA 1	PLANIFICALO 2	→ GOOD TIME MANAGEMENT
NO IMPORTANTE	DELEGALO 3	ELIMINALO 4	

A veces la inercia diaria nos arrastra sin darnos cuenta lejos de lo importante, que es saber priorizar los asuntos y las tareas.

Una anécdota cuenta que, al entrar en el despacho de un directivo, este tenía dos montones de documentos. Le preguntaron qué eran esos dos montones y dijo: «uno son los problemas que no tienen solución y el otro son los que el tiempo solucionará». Os recomiendo que no apliquéis esta fórmula, sino la de los cuatro montones, según la clasificación de Eisenhower.

El tiempo es escaso y las energías limitadas, por eso tenemos que aprovecharlo al máximo. Para ello considero clave saber distinguir lo urgente de lo importante y cómo actuar en cada caso.

Lo *urgente* hace referencia al tiempo y está relacionado con el plazo temporal para ejecutar una tarea. Por su parte lo *importante* se refiere a las consecuencias de la ejecución de esa tarea y en realidad es algo subjetivo que tú tienes que valorar. Estos dos conceptos se confunden frecuentemente y eso nos puede llevar a situaciones a veces difíciles de comprender vistas objetivamente. Las causas pueden ser diversas: un excesivo perfeccionismo que te hace consumir más tiempo del necesario, incapacidad para delegar, procrastinación o dilación sistemática de hacer las cosas, miedo a enfrentarte a la tarea porque es desagradable...

La caja de Eisenhower nos muestra una forma de clasificar las tareas y las acciones que nos puede ser muy útil:

1. Si algo es importante y urgente, por favor hazlo ya, nada de demoras, porque estarías comprometiendo de manera seria la toma de decisiones. Por ejemplo, convocar una reunión con partes interesadas para tratar un tema vital de la empresa (con consecuencias) la semana siguiente (tiempo justo)

2. Si es importante y no urgente, es el momento perfecto para detectarlo y planificarlo con antelación, de manera que ese asunto se pueda acometer con las máximas garantías de éxito. Por ejemplo, el inicio del proceso presupuestario (con consecuencias) en el que debes enviar las líneas generales en el plazo de un mes (hay tiempo)

3. Si no es importante pero es urgente, piensa que la valoración de los asuntos se realiza desde tu responsabilidad. Por lo tanto, si no es importante para ti, no lo hagas tú, delégalo. Por ejemplo, el envío de un informe sobre un tema no crítico (sin consecuencias) a un colaborador con el que acabas de hablar y al que le has dicho que se lo envías hoy (tiempo justo)

4. No importante y no urgente. Olvídate de ello, elimínalo, al menos en el corto plazo. Seguro que es aquello de: «tendría que ordenar mi despacho» (sin consecuencias y con tiempo), «debería quedar con fulanito que llevo mucho tiempo sin verlo» (ídem)...

Tenemos que gestionar nuestra vida y nuestro trabajo actuando en todos los cuadrantes, pero quizás una gestión eficaz del cuadrante 2, de manera que eso que es importante lo podamos planificar cuando todavía no es urgente, nos puede reportar cierta garantía de éxito en su ejecución.

«TENEMOS QUE APRENDER A ENCONTRAR UN TEMPO QUE SE ACELERE ANTE LAS OPORTUNIDADES, SE ACOMPASE A LAS PRIORIDADES Y ENTIENDA LAS URGENCIAS COMO UNA ARRITMIA».
XAVIER MARCET, PRESIDENTE DE *LEAD TO CHANGE*

7. PARA Y AFILA LA SIERRA

«Nunca debes estar tan ocupado serrando que no tengas tiempo de afilar la sierra».

STEPHEN R. COVEY

Sí, en este caso la sierra eres tú mismo. A veces nos metemos en un bucle del que somos una consecuencia en manos de una causa que está en nosotros poder cambiar.

Te cuento un relato del propio Stephen R. Covey: Un leñador estaba talando un enorme árbol en un bosque, con síntomas de importante fatiga. Se le acercó alguien que paseaba por allí y le dijo: «¿Lleva mucho talando este árbol?» A lo que él contestó: «casi cinco horas» y el que paseaba le dijo: «¿Por qué no para usted un rato y afila la sierra?» La respuesta fue: «Es que no tengo tiempo de afilar la sierra; estoy muy ocupado serrando».

Esto es lo que nos pasa en la vida cotidiana: nuestras preocupaciones, nuestros mapas mentales no nos dejan ni siquiera un momento para dedicarnos a nosotros, a nuestro cuerpo físico, a nuestra mente; estamos tan ocupados corriendo de un lado para otro que muchas veces no nos paramos a pensar en las cosas más importantes de la vida, y sobre todo en nosotros mismos.

Actuamos impulsivamente, sin parar, sin pensar, sin organizarnos, casi alocadamente, y al terminar la jornada estamos cansados y a veces con la sensación de que no hemos hecho nada interesante.

Quizás deberíamos sentarnos a un lado del camino, mirar hacia atrás para ver el trecho recorrido y fijar la vista hacia adelante para decidir cuál es la mejor manera de andar lo que queda.

«QUIZÁS DEBERÍAMOS PARARNOS A AFILAR LA SIERRA MÁS A MENUDO».

8. A VECES EL BOSQUE NO TE DEJA VER LOS ÁRBOLES

Sí, la frase parece al revés pero me explico: a veces el vértigo procede de contemplar el camino entero en lugar de mirar solo lo que nos concierne ahora, que es el primer paso. Esto lo comento en mis sesiones de *coaching* cuando el *coachee* se propone metas a largo plazo.

No digo que no tengamos una visión a largo plazo, nuestro yo ideal. Esto es muy importante, pero que esa visión no sea al mismo tiempo un elemento desmotivador por lo largo y arduo que pueda ser el camino a recorrer, y además por lo rígido e inmóvil que te lo puedas plantear.

Todo proyecto, incluso el proyecto de la vida, se compone de etapas y hay que recorrerlas con la mayor concentración, confianza y motivación posibles, siendo realistas en cada momento y sabiendo qué papel nos toca jugar. Incluso aunque no se tenga esa visión ideal, no importa.

Lo verdaderamente importante y trascendente es el ahora, y en el presente tienes que confiar en algo: en tu instinto, tu corazón, tu pasión, la vida, lo que sea, y actuar en base a eso en lo que crees y que te define en cada momento, sin dejar que tu razón te condicione demasiado. Actuando de esta forma, y una vez transcurrido el tiempo, volverás la vista atrás y te darás cuenta de que has llegado a un punto en el que todo lo que has hecho cobra su máximo sentido. Es muy probable que incluso aquel «yo ideal» del que partías no se parezca al que has alcanzado, porque lo habrás ido elaborando día a día y no estaba construido de antemano de una manera invariable.

Mirar hacia adelante excesivamente puede que te condicione demasiado y sea en sí mismo un obstáculo.

«INTENTA VER LOS ÁRBOLES Y EL BOSQUE APARECERÁ ANTE TI».

9. EN LA VIDA SOLO PUEDES CONECTAR LOS PUNTOS MIRANDO HACIA ATRÁS

Parece que el título de esta reflexión contradice mi opinión sobre vivir el presente, no cargarnos de demasiado pasado y apuntar al futuro, pero no es así.

Si no habéis visto la conferencia de Steve Jobs en Stanford, os la recomiendo, es muy buena. Os la podéis descargar con ayuda del siguiente bidi:

En síntesis, lo que Steve Jobs dice en esta conferencia es que en la vida no se pueden conectar los puntos mirando hacia el futuro; solo puedes hacerlo mirando hacia atrás. Pero esto ¿qué quiere decir? Quiere decir que si estás planificando todo en base a la razón quizás no estés haciendo lo que tu corazón y tu intuición te están diciendo hoy. Me explico: te tienes que conocer a ti mismo, saber cuál es tu pasión, aquello que te realiza, y hacerlo sin condicionarte por el futuro, porque se vive en el presente, y en la medida que vayas desarrollando eso en lo que crees, el futuro se irá conformando en torno a ello, y no al revés. Esto no quiere decir que no tengas un objetivo y que siempre hagas hoy lo que te apetezca sin pensar más allá, sino que te fijes un objetivo no excesivamente rígido y acorde con lo que sientes, con lo que te gusta, con lo que te apasiona.

Si, por ejemplo, tu padre es abogado y por presión familiar o social tienes que cursar esa carrera, eso será conectar los puntos desde el presente hacia el futuro; sería una planificación demasiado encorsetada, rígida y es posible que la abogacía no sea tu pasión.

Debemos actuar justo al revés: hacer hoy lo que nos gusta y el día de mañana habremos llegado a un punto en el que cuando miremos hacia atrás nos daremos cuenta de que todo lo que hemos hecho cobra sentido. Pero para ello tienes que creer hoy en algo: en tu instinto, el destino, tu intuición, tu corazón, porque ellos de alguna forma ya saben lo que quieres.

«LA VIDA NO SE REDUCE A SIMPLES CÁLCULOS, NO SEAS UN RACIONALIZADOR DE EMOCIONES, UN CASTIGADOR DE LOCURAS, NI UN CONTABLE DE CASUALIDADES».

FEDERICO MOCCIA

10. EL VENDEDOR DE PAÑUELOS

En la vida, a veces las situaciones límite son el detonante y el estímulo para tomar decisiones. En realidad no debería ser así porque eso entraña el riesgo de quedarnos por el camino. Pero bueno, llegados a ese punto, tomémoslo por el lado positivo.

Esta crisis que empezó en 2008 ha hecho tambalear muchos cimientos económicos, sociales y políticos. Se ha creado un nuevo escenario, aunque diferente al de otras crisis anteriores. Recordemos que, como decía Mark Twain, la Historia no se repite pero rima. Y ¿por qué ocurre esto? Porque el protagonista de la Historia es el ser humano, y si bien nuestra mente está en constante evolución, nuestra esencia se mantiene, sentimos las mismas emociones que nuestros antepasados más lejanos: miedo, alegría, enfado... Aunque los estímulos son diferentes, la finalidad es la misma: la supervivencia y el progreso.

En tanto en cuanto esto es así, nuestras actuaciones y los hechos que generamos con ellas serán diferentes a los pasados pero tendrán esa base común y, por tanto, una similitud.

Los ciclos económicos basados en la codicia, las guerras fruto del odio, los avances tecnológicos que son consecuencia de la creatividad y la curiosidad humana, los conflictos políticos causados por el poder... todo esto ya se ha producido en el pasado y se seguirá repitiendo en el futuro.

Pero, situados en la crisis ¿qué podemos hacer?

Todo depende de tu actitud, de cómo interpretes la nueva situación, de cómo la asimiles, de cómo tomes conciencia de ella, ya que de todo ello dependerá tu reacción.

Esta crisis se ha llevado por delante muchas empresas. Si empleamos como símil el cuento del lobo y los tres cerditos, es cierto que muchas de ellas estaban construidas sobre materiales muy frágiles y al mínimo soplo se han derrumbado. Pero sería una pena que un vendaval se llevara por delante otras que se asentaron sobre bases sólidas. Para evitarlo se deben realizar cambios para adaptarse al nuevo clima, y que ya no se pueden demorar más:

1. Explorar nuevos mercados. No son pocas las empresas que se han embarcado en la aventura internacional. ¡Ojo! que en este campo las apariencias engañan y el retorno a la inversión tiene un plazo muy largo

2. Cambio en el *«core business»* o actividades principales, con modificaciones que afectan a su diseño, enfoque y generadoras de un mayor valor añadido. Sí, aquello que siempre has pensado hacer pero que has ido demorando

3. Cambios y adaptación en la estructura organizativa y de costes

4. Nuevas alianzas con otras empresas para fortaleceros mutuamente

5. Una mayor orientación al cliente, ser proactivos en toda la organización. Antes los pedidos entraban descolgando el teléfono y ahora hay que salir a la calle
6. Reingeniería de procesos: revisar todos los procesos, comerciales, de fabricación, administrativos, técnicos, acortar tiempos, eliminar lo superfluo, identificar lo que no aporta valor, simplificar

Conozco varios casos de profesionales que ante la crisis se han reinventado y están soportando el «chaparrón» bastante bien dentro de su gremio, porque siguen haciendo lo que saben hacer aunque con actividades enfocadas de manera diferente: salen a la calle, hacen su propia publicidad, «buzonean», utilizan Internet, páginas web, asistencias telefónicas... algo impensable para ellos hace unos años, pero ahí están.

Esto que comento en el campo empresarial es perfectamente aplicable al plano personal: que te han despedido, que te han reducido el sueldo, que no encuentras trabajo, que te han bajado de categoría, pues no mires a los lados y te conformes porque hay muchas personas así. Aprieta los dientes, analiza tu situación, tus fortalezas, trabájalas. No mires tanto tus debilidades; reenfócate, tienes una oportunidad. Antes quizás habías estado demasiado tiempo sin moverte. Recurre a tu red de contactos, monta tu propio discurso, busca tus diferencias, destapa ese talento que sabes que tienes, fórmate, aprovecha para encontrarte contigo mismo.

Lo digo de verdad, no es aquello de «el que no se consuela es porque no quiere».

Si, por el contrario, tu actitud es la de ponerte a contemplar cómo te pasa por encima el ciclón de la crisis, y solo te limitas a llorar, a lamentarte, a decir que no puedes hacer nada, entonces estás perdido.

«EN CRISIS HAY QUIEN LLORA Y QUIEN SALE A VENDER PAÑUELOS».

11. THINKING+FEELING =THINKFEELING

La verdad es que siempre he visto estos dos conceptos separados, hasta podría decir que como contrapuestos, cuando en realidad ahora tengo muy claro que tienen que ser complementarios.

Antes de continuar comentaré las características principales de estas dos formas de tomar decisiones en la vida:

- Perfiles *«thinking»*: objetivos, lógicos, analíticos, racionales
- Perfiles *«feeling»*: empáticos, subjetivos, valorativos, emocionales

Es cierto que nacemos con el predominio de una de estas dos formas de sentir la vida, pero ser consciente de que la virtud está en el término medio nos hará poco a poco tender a ese otro punto, y eso hay que trabajarlo. ¿Cómo?

Hasta hace unos años, mis criterios de decisión eran totalmente del tipo «*thinking*», pero ahora he evolucionado, y si bien todavía prevalece el «*thinking*» sobre el «*feeling*», cada vez están más cerca de encontrarse. Y os tengo que confesar que en ese tiempo pasado me he perdido muchas oportunidades y alternativas: personas que conocer y con las que disfrutar por haberlas prejuzgado, momentos de calma y tranquilidad tirados por la borda por no haber estado presente sino analizándolo todo de manera constante: pros, contras, «me beneficia», «me perjudica»... no dejando que el corazón y la emoción dominasen ese momento, falta de escucha efectiva por haber estado pensando en mí, en lo que iba a responder más que en escuchar para comprender y ayudar, falta de empatía (antes de ponerte en los zapatos de los demás te calzas los tuyos), practicar continuamente el hábito gano-pierdes, que quiere decir que siempre estás pensando en ganar tú (y si tú ganas de alguna manera es una derrota para el otro), en vez practicar el hábito ganar-ganar (ambos salimos ganando).

No tengo raíz «*feeling*», pero me imagino que este extremo también resta alternativas, ya que ser excesivamente emocional te puede llevar a ver las cosas como demasiado positivas o, como se suele decir, de color de rosa, y luego te lleves alguna decepción si no resultan así; empatizar demasiado llevándote contigo los problemas de los demás, asumir riesgos excesivos por no realizar un análisis racional previo más profundo, entregarte excesivamente a los demás sin ser correspondido en la misma medida, aplicar constantemente el hábito pierdo-ganas por no decir nunca no...

¿Y tú tienes claro en qué punto estás y dónde quieres situarte? Os digo dónde estoy yo.

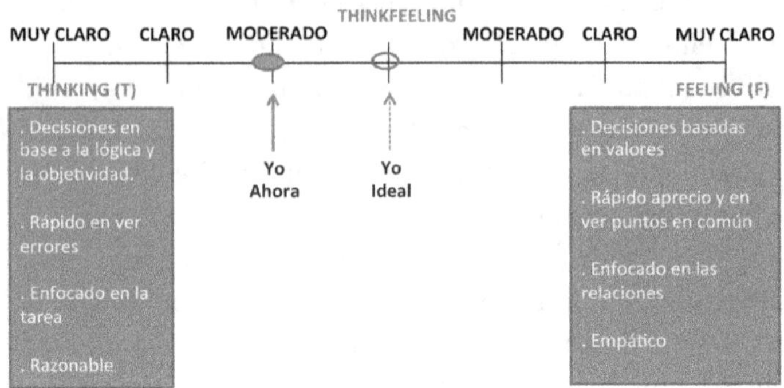

«EN LA VIDA LOS EXTREMOS NO REPRESENTAN NUNCA EL POSICIONAMIENTO ÓPTIMO, YA QUE REDUCEN NUESTRO ABANICO DE ALTERNATIVAS Y OPORTUNIDADES. EN ESTE CASO OCURRE LO MISMO: CONSEGUIR EL EQUILIBRIO ENTRE UNO Y OTRO ESTILO ES PARA MÍ LO IDEAL».

12. EL DIABLO ESTÁ EN LOS DETALLES

«El diablo está en los detalles», es una frase sencilla pero para mí cargada de significado. Lo bueno y lo malo está en preparar los detalles; por ahí es por donde se puede ganar o perder una causa.

Esta reflexión me lleva a otro concepto, el de excelencia.

Desde mi punto de vista, la excelencia no es ser 100% mejor en alguna cosa, sino esforzarte por ser un 1% mejor en cien cosas. No me refiero por tanto a la excelencia como especialización, sino en un sentido generalizado. Para mí es como un manto que cubre el comportamiento, la actitud, las relaciones... en definitiva tu vida. ¡Pero cuidado! Una interpretación excesivamente extrema de este concepto, la obsesión por los detalles y un inconformismo permanente puede tener efectos adversos.

En todo momento intento mantener una actitud moderada respecto a la excelencia, buscando el autocontrol y teniendo muy presente que eso adicional que me propongo hacer en relación con algo, esa mejora frente a un nivel estándar que introduzco en mis hábitos, si lo hago con una intensidad u obsesión tal que puedan afectar negativamente al factor tiempo, al sentido de la oportunidad, a otras personas o a mí mismo, eso para mí es sin duda lo que marca el límite que no se debe cruzar.

No es fácil, pero si tiendes a ello te darás cuenta de que las cosas te saldrán mejor, te sentirás muy bien y será reconocido por los demás.

«INCORPORAR LOS DETALLES A TU VIDA, A TU TRABAJO, HACER DE TODO ELLO UN HÁBITO DE MANERA QUE SURJAN NATURALMENTE EN CADA ACCIÓN SIN QUE TE CUESTE UN ESFUERZO ADICIONAL, ESO ES PARA MÍ EL CONCEPTO DE EXCELENCIA».

13. ADAM SMITH SE EQUIVOCABA

Cuando vi por segunda vez la película *Una mente maravillosa,* ya en una etapa diferente de mi vida, me gustó la forma en que Russell Crowe (John Nash), demostraba que Adam Smith se equivocaba, Adam Smith, padre del liberalismo económico y autor del libro *La riqueza de las naciones* que propugnaba que el máximo bienestar social se genera cuando cada individuo persigue su bienestar particular. Pero Nash demuestra que una sociedad maximiza su nivel de bienestar cuando cada individuo actúa a favor de su propio bienestar pero al mismo tiempo persigue el de los demás integrantes del grupo.

Os recomiendo que veáis la escena de la película donde Russell Crowe y sus amigos intentan ligar con una chica muy guapa que va con un grupo de amigas. En ese momento se da cuenta de que si todos van a por la chica guapa, es probable que ella les dé calabazas a todos, o a todos menos a uno, y que cuando intenten ligar con las amigas estas los rechacen por ser un «segundo plato» y entonces ninguno de ellos habrá conseguido nada. Así que la mejor opción individual y para el grupo de amigos era ir a por las amigas desde el principio, dejando al margen a la chica guapa. Con ello el éxito del grupo estaba asegurado.

Puedes ver la escena de la película con ayuda de este bidi:

Pertenecemos a múltiples sistemas o grupos y la actitud individual no regula el mercado porque la ambición humana y el hedonismo no tienen límites; seguro que esa actitud termina afectando a otros y produciendo disfunciones y desequilibrios en el sistema, como hemos podido comprobar en múltiples ocasiones.

Todo ello enlaza con el sentido de pertenencia a un grupo, equipo o sistema. La actitud inteligente es aprovechar los recursos que supone el intercambio con los demás y minimizar sus inconvenientes. La compresión de esto nos libera de nuestro egoísmo y nos acerca a los demás.

14. QUIEN NO SE MUEVE NO SIENTE SUS CADENAS

Mucho de lo comentado en este libro tiene un factor común que es la acción. En la acción están implícitos el cambio, el logro, el desarrollo, el avance, el aprendizaje, puntos todos ellos necesarios para la evolución, la búsqueda del talento, en definitiva, para la realización personal y la felicidad.

Si tomamos conciencia de la zona en la que nos encontramos y a la que queremos llegar quizás podamos planificar el camino a seguir y las acciones a emprender. Si crees que por ti solo no puedes hacerlo, por favor pide ayuda.

Normalmente todos tenemos nuestra «zona de confort», una zona en la que lo que hacemos nos resulta cotidiano, habitual, sea agradable o desagradable. Por ejemplo, salir por el barrio a tomar algo, soportar las broncas de tu jefe o los atascos; lo común a todo ello es la cotidianidad.

En esta zona, si estamos permanentemente atentos quizás podamos aprender cosas, aunque cada vez menos, y por tanto estamos muy limitados.

Si sentimos algo en nuestro interior que nos dice que tenemos que cambiar, que queremos explorar nuevas zonas: amistades, lugares, habilidades... no basta con pensarlo y sentirlo, tenemos que pasar a la acción, tenemos que llegar a la «zona de aprendizaje» en la que al principio es posible que sintamos cierta incomodidad, pero que se compensará sobradamente con la ilusión y el conocimiento de otros escenarios hasta ahora desconocidos. En esta zona quizás estemos en tránsito por un cierto tiempo, pues será la antesala de la «zona de los retos», que es en la que quieres situarte para cumplir tus sueños.

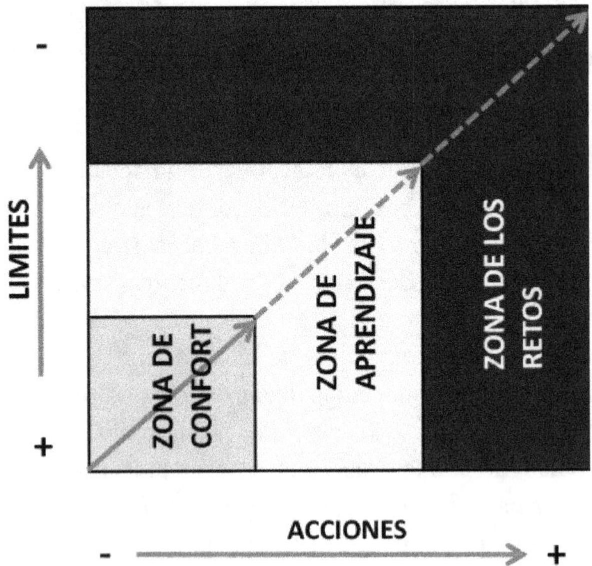

Observando el gráfico, vemos que si aumentamos nuestras acciones, ampliamos nuestros límites y avanzamos en el descubrimiento de nuevas zonas.

Esto se puede repetir, y la zona conquistada de los retos, una vez desarrollado el proyecto que te llevó ahí, puede convertirse de nuevo en zona de confort y quizás tengas la necesidad de colonizar otras zonas. Pero ahora ya sabes cómo hacerlo. Además el territorio colonizado será cada vez mayor; irás creciendo como persona y tu universo será cada vez más amplio.

Te recomiendo que escuches el cuento de Jorge Bucay de *El elefante encadenado*. Puedes hacerlo con ayuda de este bidi:

«SI, POR EL CONTRARIO, DECIDES QUEDARTE EN TU ZONA DE CONFORT PORQUE TE ENCUENTRAS CÓMODO EN ELLA, TAMBIÉN ES UNA OPCIÓN, PERO LLEGADO A ESTE PUNTO POR FAVOR SÉ COHERENTE CONTIGO MISMO Y CON TU DECISIÓN Y NO TE QUEJES».

15. UN CAMINO CON EL LÍMITE DE VELOCIDAD DE LA LUZ

«Habrá un camino. No conectará dos puntos, conectará todos los puntos. Su límite de velocidad será el de la luz. No irá de aquí hasta allá, ya no habrá allá, todos estaremos aquí».

BILL GATES-MICROSOFT, 1994

Impresionante mensaje de 1994. Parece de otro planeta y, sin embargo, hoy todos convivimos con ello: Internet.

Los líderes visionarios se anticipan, crean el futuro, ven más allá, hacen posible lo impensable, son diferentes, poseen un talento fuera de lo normal.

Son únicos, arriesgan, confían en sí mismos y en su intuición más que en su razón. Pero Bill Gates y otros como él no se convirtieron en visionarios a los cincuenta, lo eran ya desde pequeños. Ellos tuvieron la osadía de retar al convencionalismo, a lo preestablecido y lucharon por su idea, por su convicción con perseverancia.

Por eso, si tú tienes esa llama interior, por favor avívala. Ponle pasión y ten presente siempre la responsabilidad social de tu idea, de tu contribución a la Humanidad. Y si de verdad lo tienes claro, el mundo te abrirá el camino. Sé que no es fácil, pero no te resignes.

«LA RESIGNACIÓN ES UN SUICIDIO COTIDIANO».
HONORÉ DE BALZAC

16. RUTINA+HÁBITOS= CREATIVIDAD

Habitualmente la rutina y los hábitos son conceptos denostados: se suele decir, «¡bah! esto es rutinario o habitual» como sinónimos de aburrido y predecible. Ambos tipos de actividad pueden utilizarse, bajo mi punto de vista, como almacenes de energía y palancas para la creatividad.

En primer lugar me gustaría distinguir entre rutina y hábito.

La *rutina* es una actividad que realizamos diariamente de forma regular, periódica y sistemática, y de manera inconsciente o semiinconsciente; es inflexible, no permite modificación y no genera una destreza.

El *hábito* es un comportamiento estable que crea destrezas, habilidades, y además es flexible y podemos modificarlo si es preciso.

Podríamos decir que la rutina hace el hábito.

Por ejemplo, si quieres comer fruta a media mañana en el trabajo (hábito), cada mañana, cuando hagas todo lo rutinario, ducharte, vestirte, desayunar, tendrás que incluir una rutina más que será preparar la fruta que te tienes que llevar al trabajo.

Como decía al principio, la rutina y los hábitos son ahorradores de energía. Empleando términos financieros: son bancos en los que depositas energía, que puedes aprovechar capitalizándola y obteniendo intereses en forma de inspiración o creatividad, o bien desaprovechar (en este caso estaríamos frente a la rutina que produce aburrimiento y tedio, pero que en realidad no es consecuencia de la rutina en sí, sino de ti).

Si queremos desarrollar nuestro pensamiento creativo, ¿qué es lo primero que tenemos que hacer? Efectivamente pensar, y para que haya pensamiento tienes que conseguir el espacio y la energía necesarios para ello. Por ejemplo, si estás aprendiendo a montar en bici, estarás totalmente concentrado en ese aprendizaje, pero cuando lo domines, pedalear se convertirá en una rutina y ya podrás disfrutar del paisaje.

La vida de los mayores genios y creadores de la Historia está llena de hábitos y rutinas: alimenticias, de descanso, de ejercicio físico... Para mí la creatividad no es algo que sorprende y que nos sobreviene, y que procede de un estado de máxima ocupación. Debemos conseguir los momentos de relajación, paz y mínimo esfuerzo que nos ofrecen los hábitos y las rutinas, y llegar hasta el fondo de nuestra esencia desde donde emergerá nuestro torrente creativo.

A nivel empresarial sucede lo mismo: la rutina y los hábitos están identificados con los procesos, que son normas que responden a comportamientos repetitivos, de manera que cada vez que se repiten no tenemos que pensar en cómo tratarlos, sino solo seguir el procedimiento, lo cual nos libera de energía y tiempo para pensar y crear.

«SE ABRE EL DEBATE: ¿ES LA RUTINA ALIADA O ENEMIGA DE LA CREATIVIDAD?»

17. EL PROCESO DE APRENDIZAJE EN LA VIDA Y EN LA EMPRESA

El proceso educativo actual es un bombardeo de información, sin contraste con su aplicabilidad práctica. Con este panorama, cuando terminamos los estudios tenemos una base teórica pero nos queda acometer el verdadero proceso de aprendizaje, que es poner esa información en práctica y aplicarla al área o sector de la vida que represente nuestra pasión.

Evidentemente no nacemos enseñados y la vida en sí es un continuo proceso de aprendizaje en base a las múltiples experiencias que acometemos, de manera torpe al principio, hasta que conseguimos un cierto grado de habilidad.

El proceso de aprendizaje de cualquier competencia consta de cuatro etapas. Las voy a explicar y en paralelo desarrollaremos, como ejemplo para cada una, el aprendizaje de la competencia «conducir un coche»:

1. *Incompetente inconsciente:* En esta etapa no tenemos experiencia en algo, pero ni siquiera nos preocupamos por ello, bien porque no lo necesitamos o porque no nos interesa. Todos somos incompetentes inconscientes en muchísimas cosas en la vida, pero solo hasta que cualquier circunstancia, estímulo o detonante, hace que nos interese aprenderlas, no pasamos a la siguiente etapa. Siguiendo nuestro ejemplo, un niño de diez años no se preocupa por conducir un coche

2. *Incompetente consciente:* Aquí tenemos interés por algo, por alguna competencia que queremos adquirir. Somos conscientes de que no tenemos ni idea de eso, pero no sabemos cómo hacerlo. Nuestro niño cumple dieciocho años y le interesa conseguir el carnet de conducir

3. *Competente consciente:* Una vez que hemos tomado conciencia de nuestra incompetencia, nos lanzamos a su aprendizaje hasta conseguir dominar esa materia y nos hacemos competentes. El joven aprueba el carnet de conducir y perfecciona al máximo esa habilidad; coloca el retrovisor, está pendiente de todo y conduce siguiendo todo lo aprendido

4. *Competente inconsciente:* Una vez adquirida esa habilidad entramos en una especialización tal que prácticamente hacemos la tarea de modo automático, de manera inconsciente. El joven ya no es tan joven, lleva diez años con el carnet de conducir, se sube al coche y piensa en sus cosas; la conducción le sale automáticamente, sin pensarlo

Dejo un cuadro explicativo de lo anterior con los niveles de rendimiento en cada caso, aplicable tanto en lo personal como al mundo de la empresa:

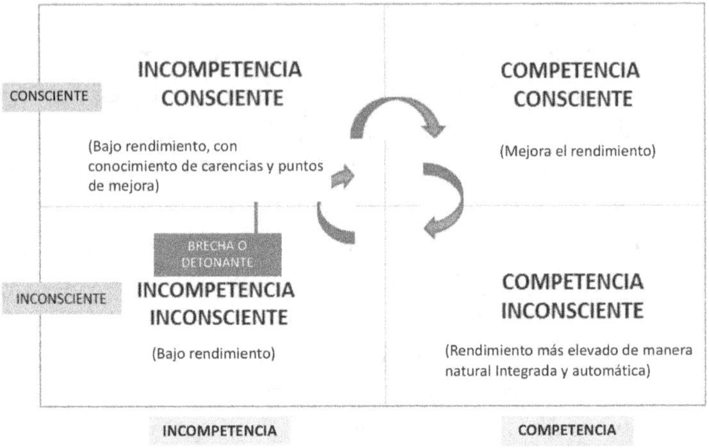

«EL APRENDIZAJE ES EXPERIENCIA, TODO LO DEMÁS ES INFORMACIÓN».
ALBERT EINSTEIN

18. ¿COLCHÓN DE PLUMAS O CAMA DE FAQUIR?

 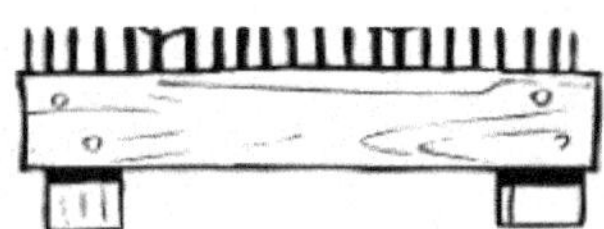

Una empresa contrató a un director general para liderar un equipo de *country managers* que no tenía un jefe directo y reportaba al consejero delegado.

A los tres meses de su incorporación le preguntaron sobre su equipo y dijo: «Cuando me incorporé a la organización pensé que yo tenía que ser el motor, pero cuando conocí a mi equipo, vi que estaban bien; ellos eran los motores y yo tenía que ser la gasolina. Solo tenía que alimentarlos de confianza».

Si un directivo se encuentra cómodo con su jefe y sabe que si se equivoca tendrá un colchón, será capaz de arriesgar. Ahí está la clave de la mejora, del cambio, del valor añadido, de la diferenciación, de la creatividad y del compromiso con el proyecto.

Es lo que denominamos *empowerment*, pero ello no quiere decir que el directivo se pueda estar equivocando continuamente, ni que el nivel de permisividad del jefe lo lleve a un estado de comodidad consentido, ni tampoco ser tan flexible que delegues tu propia responsabilidad, sino que es una combinación de todos estos factores aplicados en su justa medida. Y, por supuesto, se ha de hacer un seguimiento del cumplimiento de los objetivos marcados y proponer las medidas correctoras necesarias, pero siempre otorgando un margen de confianza y error tal que haga que a ese directivo le cueste defraudar esa confianza y luche por mantenerla.

En realidad esto ocurre no solo para los directivos sino para todo tipo de empleados en relación con su jefe y en todos los ámbitos de la vida: si penalizas el error, matas la creatividad y el atrevimiento en la educación, en el trabajo, con tus hijos...

«UNA DE LAS CLAVES DEL BUEN LÍDER ES PONER PLUMAS AL COLCHÓN Y NO CAMBIARLO POR LA CAMA DE UN FAQUIR».

19. ES MÁS FÁCIL SER HISTORIADOR QUE PROFETA

«Hay tres tipos de personas: las que ven, las que ven cuando se les muestra algo y las que no ven nada».

LEONARDO DA VINCI

La verdad que encierra el título de este capítulo nos la encontramos a menudo en nuestra vida cotidiana: personas que realizan comentarios o críticas poco constructivas juzgando severamente las decisiones tomadas por otros y que ellos no se atrevieron a tomar por miedo al fracaso, o por aversión al riesgo que ello suponía.

Pues bien, el mérito para mí es de los que se anticipan y toman decisiones, aunque se equivoquen, porque tuvieron la valentía de arriesgar. Y normalmente lo hacen en base a un argumento, mejor o peor construido, pero al menos trabajado.

Es muy cómodo criticar a «toro pasado» y la verdad es que cuando veo esta actitud me incomoda bastante. Esto no quiere decir que no analicemos los hechos y busquemos las causas que los han motivado y ver si se podían o no haber evitado o haberlo hecho de otra forma. Pero de ahí a casi mofarse y prácticamente decir que nosotros lo habríamos hecho mejor, eso no.

Con todo mi respeto para los historiadores, interpretar los hechos ocurridos, analizar sus consecuencias y sacar lecturas y patrones de comportamiento me parece muy bien y es una retroalimentación súper necesaria *(feedback)*. Sin embargo, mirar hacia adelante e intentar construir el futuro, tener una visión y arriesgarse, para mí esto tiene mayor valor añadido *(feedforward)*.

«UN EXPERTO EN RIESGO ES UN GESTOR, NO UN EMPRENDEDOR».
LUIS VALLS TABERNER

20. RECOMPENSA LOS FRACASOS EXCELENTES MÁS QUE LOS ÉXITOS MEDIOCRES

Estoy de acuerdo con la frase de Tom Peters, mi gurú favorito del *management*. Él la dice de una forma un poco más radical en el sentido de que hay que penalizar los éxitos mediocres, pero para mí un éxito es un éxito al fin y al cabo, aunque coincido con el mensaje que entraña.

Atreverse, arriesgar, tener iniciativa, pasar a la acción, ser creativo, asumir riesgo, innovar,... yo creo que son muchos atributos y valores como para cercenarlos por un error, porque si a la persona que acomete un proyecto o pone en marcha una iniciativa con todo esto como base (a eso se refiere Peters cuando dice fracaso excelente) la juzgas únicamente por el resultado, entonces te la acabas de cargar: esa persona no volverá a tener iniciativa y estará muy lejos de su potencial. Ten una visión global, aplica el principio de importancia relativa en relación con el resultado y valora el esfuerzo y la creatividad.

Si lo que prefieres es recompensar a aquel que actúa sobre seguro, entonces tu empresa siempre será mediocre.

Sucede lo mismo en la educación: si enseñamos con la amenaza del error, ningún alumno saldrá voluntario a la pizarra, ningún alumno se saldrá del guión establecido aportando ideas, ningún alumno se atreverá a innovar o proponer otra forma de hacer las cosas. Si esto es lo que queremos, al final nuestros hijos no irán al colegio: irán a la granja como si fueran verdaderos corderitos.

«EL ÉXITO ES IR DE FRACASO EN FRACASO SIN PERDER EL ENTUSIASMO».
WINSTON CHURCHILL

21. SE GESTIONAN COSAS, SE LIDERAN PERSONAS

A veces, en el seno de las organizaciones, confundimos los fines con los medios y las personas con los medios materiales. No olvidemos, en relación con las personas, que con un salario podemos contratar sus manos, sus espaldas... pero ¿qué pasa con su mente, su compromiso, su creatividad, sus ideas...? Eso solo puede ofrecerse voluntariamente. Por eso no podemos considerar al capital humano como un activo meramente material; hay que penetrar en su interior a través de un estilo de liderazgo motivador propio del siglo XXI, un estilo *coach*, por ejemplo.

Si liderar y gestionar son conceptos diferentes, cada uno que se aplique a lo que procede. Si los confundimos no estaremos obteniendo los resultados adecuados, porque los principios en los que se asienta cada uno de ellos no son intercambiables.

Por ejemplo, si nos fijamos en la psicología que subyace en nuestro sistema de contabilidad, las personas aparecen como un gasto y las cosas como una inversión, cuando debería ser justo al contrario. Parece absurdo.

«LAS PERSONAS FUERON CREADAS PARA SER AMADAS Y LAS COSAS PARA SER USADAS».

22. LÍDER VS. MANAGER: RIGHT THINGS- THINGS RIGHT

Me gustaría distinguir estas dos figuras en el seno de las empresas: el líder y el *manager*, y mostrar sus diferencias de la mano de otros dos conceptos ligados a sus funciones y que a veces tienden a confundirse, como son la eficacia y la eficiencia.

El líder decide las cosas que se tienen que hacer, *«the right things»*, y el *manager* hace bien las cosas que tiene que hacer, *«things right»*.

El líder decide aquello que se tiene que hacer en cada momento y su consecución nos lleva a la *eficacia*, y el *manager* hace lo que le han asignado hacer y su consecución nos lleva a la *eficiencia*.

La eficacia hace referencia a nuestra capacidad para lograr lo que nos proponemos, mientras que la eficiencia es la relación entre los recursos utilizados y los logros obtenidos.

Ejemplo: el líder decide que hay que hacer un puente en un mes y el *manager* ejecuta el proyecto con optimización de recursos. Podemos ser eficientes (hemos optimizado recursos) sin ser eficaces (pero no hemos construido el puente en un mes), y podemos ser eficaces (hemos construido el puente en un mes) sin ser eficientes (hemos empleado más recursos). Lo ideal es ser eficaces y eficientes al mismo tiempo.

Otras diferencias entre líder y *manager* que son interesantes:

LÍDER	*MANAGER*
Prefiere el largo plazo	Actúa en el corto plazo
Se centra en las personas	Se centra en los procesos
Desafía el estatus quo	Acepta el estatus quo
Visión global	Visión lineal
Se anticipa al cambio	Reacciona al cambio
Se centra en lo cualitativo	Su foco es lo cuantitativo

Aunque los *managers* o jefes también tienen que hacer una labor de liderazgo con su equipo para conseguir los objetivos, aquí me estoy refiriendo a un sentido más profundo de liderazgo, que abarca simultáneamente una razón de ser y percibir la vida en general y que tiene una amplia influencia en el entorno en el que ese líder realiza su trabajo o desarrolla su vida porque tiene una serie de características que otros no poseen: capacidad de convencer, de influir, encanto, imagen, humildad, lenguaje, respeto, conocimientos, seguridad, empatía, inteligencia emocional, coherencia, vocación de servicio, confianza....

«EL MANAGER DETERMINA LA EFICIENCIA AL ASCENDER LA ESCALERA DEL ÉXITO; EL LÍDER ES RESPONSABLE DE QUE LA ESCALERA ESTÉ APOYADA SOBRE LA PARED ADECUADA».
STEPHEN R.COVEY

23. TIEMPO DE RELOJ Y TIEMPO PSICOLÓGICO

Cuando releo libros tengo sensaciones muy diferentes a cuando los leí por primera vez, sobre todo si hace tiempo que los leí y en ese tiempo yo he cambiado.

He releído *El poder del ahora* de Eckhart Tolle, y me gustaría compartir algunas reflexiones en las que en mi primera lectura no había reparado.

«Nada ha ocurrido nunca en el pasado, ni nada ocurrirá nunca en el futuro, todo ocurrirá ahora». ¡Qué gran verdad!

Existe un tiempo de reloj (el ahora): no hay relojes que marquen la hora de un tiempo pasado ni tampoco del futuro, y existe un tiempo psicológico, que es cuando te identificas con el pasado y proyectas el futuro.

Es difícil desligarte de la mente, que casi siempre está anclada en el pasado o pensando en el futuro, y concentrarte en el momento en el que estás. Yo creo que para ello basta otorgarle al momento presente la importancia que tiene o al menos ser consciente de ello y tenerlo en esa consideración a cada instante.

Existe un falso «Yo infeliz» basado en la identificación con la mente que vive en el tiempo psicológico. Él sabe perfectamente que el momento presente supone su muerte y se siente amenazado y hará todo lo que pueda para sacarte del ahora intentando mantenerte atrapado en el tiempo.

Tolle también nos da la fórmula para frenar el envejecimiento:

«Cuando estar presente (en el ahora) se convierte en tu modalidad habitual de conciencia, y el pasado y el futuro ya no dominan tu atención, dejas de acumular tiempo en tu psique y en las células de tu cuerpo; la acumulación de tiempo en forma de cargas psicológicas del pasado y del futuro restringe enormemente la capacidad de autorrenovación de la células. Por tanto, si habitas tu cuerpo interno, el cuerpo externo envejecerá a un ritmo mucho más lento, y aunque lo haga tu esencia intemporal brillará a través de la forma externa y no tendrás la apariencia de una persona mayor. ¿Existe alguna prueba de esto? Practícalo y tú serás la prueba».

Claro que hay que recordar, claro que hay que planificar y claro que hay que estar presentes, pero no anclados en cada tiempo. Recordemos que :

- Exceso de pasado = depresión
- Exceso de presente = estrés
- Exceso de futuro = ansiedad

Es por tanto muy importante mantenerse alerta para no transformar el tiempo de reloj en tiempo psicológico. Para ello hemos de intentar dar más importancia a lo que hacemos que al resultado que pretendemos conseguir con ello. Debemos considerar el presente como un fin y no como un medio para llegar al futuro.

«UTILIZA EL PASADO COMO TRAMPOLÍN Y NO COMO SOFÁ».

24. NO DEJES PARA MAÑANA LO QUE DEBAS HACER HOY

Cuando te enfrentas a la responsabilidad de ejecutar un trabajo en un determinado plazo, lo primero que piensas de un modo racional es si lo vas a poder realizar y te preocupas por las tareas que hay que llevar a cabo y los plazos. En realidad para ti la programación de un trabajo es vital, ese es tu primer impulso. Pero cuando lo piensas fríamente aparece un deseo de disfrutar del ahora y no te pones manos a la obra; algo dentro de ti dice: «¡bah! no te preocupes, hay tiempo suficiente, ahora vamos a disfrutar de este momento y luego ya veremos».

Pero el tiempo pasa y ya queda poco y todavía no has empezado. En ese momento te invade una sensación de agobio; todo en tu cerebro se vuelve caótico entrando en un miedo generalizado ante la responsabilidad que estás a punto de incumplir.

Al final, después de pasarlo mal, de estar exhausto, malhumorado (y seguramente resintiéndose la calidad de tu trabajo), consigues hacerlo y llegar al plazo. Y esto no es la primera vez que te pasa: actúas así a menudo porque siempre terminas llegando y este tiempo en que estás de los nervios previo a la expiración del plazo se ve compensado el tiempo que has pasado relajado y disfrutando.

Al final siempre aparece esa alarma interior que te moviliza y te impulsa para sacar tu compromiso adelante, porque tienes que responder ante terceros. Pero lo malo de este método es que también lo aplicas a esos compromisos y responsabilidades que tienes contigo mismo, donde no tienes testigos, ni evaluadores, ni plazos, y si no haces nada al respecto no pasa nada: nadie te va a pedir explicaciones (bueno tú sí). En estos casos tienes un problema: empiezas a dilatar las decisiones de manera indefinida en temas como cambiar de amigos, dejar ese hábito que nada te conviene, hacer ejercicio, empezar un proyecto... En todos estos casos no te decides a actuar y eso genera un estado de frustración contigo mismo y con los demás.

«PIENSA EN BORRAR DE TU MENTE LOS «DEBERÍA» Y CONVERTIRLOS EN OBJETIVOS, EN PASAR A LA ACCIÓN, Y, LO QUE HE DICHO SIEMPRE: SI CREES QUE TÚ SOLO NO PUEDES LLEVARLO A CABO, BUSCA AYUDA. EL *COACHING* ES UNA HERRAMIENTA QUE EN ESTE CAMPO CONSIGUE RESULTADOS SORPRENDENTES».

25. ESCUCHA TU PROPIA VOZ, APLICA LOS TRES FILTROS

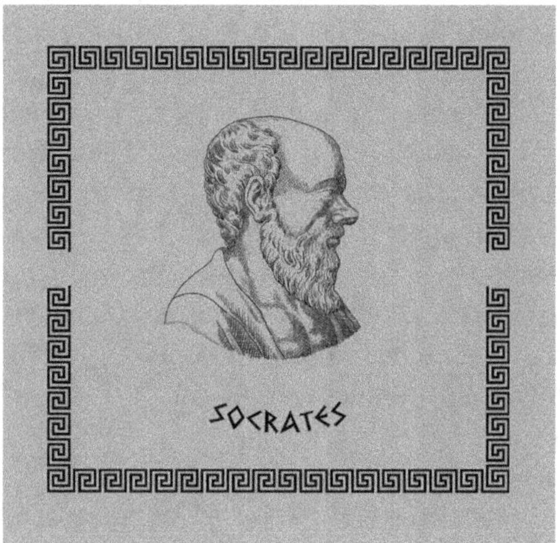

Hay muchas personas que van por ahí trasladando a los demás su mapa mental, sus creencias limitantes de manera negativa, como si de dogmas de vida se tratase. Simplemente hablan de su experiencia como si se hubiera convertido en una ley general aplicable a todo el que encuentran a su paso, dando consejos a diestro y siniestro, del tipo: «eso no lo intentes, no lo vas a conseguir» (porque ellos no lo han conseguido).

En muchos casos esto se hace de manera involuntaria y sistemática, fruto de una mente cerrada y desde una visión demasiado subjetiva del mundo. Pero, ojo, también a veces se hace desde un sentimiento de envidia.

Ten en cuenta que esto te lo vas a encontrar con bastante frecuencia, y en un momento de debilidad, incertidumbre, o indecisión, te puede parecer que el equivocado eres tú, cuando realmente puede no ser así. Por favor, resiste, no escuches esas voces, escucha tu voz interior, la de tu corazón, esa no te va a fallar.

Tampoco escuches los «rumores» sobre otros ni tú los difundas tampoco; cada acción es interpretada bajo el sistema de referencias de cada uno, bajo su mapa, y trasladándolo le añadimos unas dosis de subjetividad, de modo que cuando el rumor llega a otros llega adulterado, distorsionado.

Os dejo la prueba de los tres filtros de Sócrates:

Sócrates estaba cansado de los rumores, hasta que un día un joven discípulo llegó a su casa:

–¡Maestro! –exclamó agitado–, tengo que contarle algo. Un amigo suyo estuvo hablando de usted con malevolencia.

–Espera –lo interrumpió el filósofo–, ¿ya hiciste pasar lo que quieres decir por los tres filtros?

El discípulo lo miró perplejo:

–¿Los tres filtros?

–Sí. El primero es la verdad. ¿Has comprobado que lo que quieres decirme es absolutamente cierto?

–No... en realidad se lo escuché decir a unos vecinos.

–Si no sabes si es verdadero, al menos lo habrás pasado por el segundo filtro, que es la bondad –dijo Sócrates–. Lo que me quieres contar, ¿es bueno?

Después de unos segundos, el joven respondió:

–En realidad, no. Al contrario...

–¡Ah! –exclamó el sabio–, entonces vamos al último filtro, la necesidad. ¿Es necesario hacerme saber lo que parece inquietarte tanto?

El discípulo bajó la vista:

–Para ser sincero, no. Necesario no es.

–Entonces –sonrió el sabio–, si lo que quieres decir no es verdadero, ni bueno, ni necesario, sepultémoslo en el olvido.

Ten en cuenta que en esta vida todo es posible: «*Impossible is nothing*». Es cuestión de proponértelo, con pasión y teniendo a tu lado personas que de verdad te quieran y te apoyen, que te ayuden a despejar el camino, a dejar que seas tú mismo, que te realices, que seas feliz.

«NO DEJES QUE LAS VOCES DE LOS DEMÁS, SEAN QUIENES SEAN, ACALLEN TU PROPIA VOZ».

26. LOS MICOS QUE TIENES EN TU DESPACHO

Asistí a una conferencia de Jaume Llopis en el IESE Business School y me gustó la forma en que relató la capacidad que tenemos todos de endosar problemas, en el trabajo y en la vida.

En nuestro despacho tenemos varios problemas (micos); nos quedamos pensativos, abrumados y nos entra una necesidad irrefrenable de quitarnos el lastre. Decimos: «uhmmmm»… Cogemos los micos, salimos del despacho y damos una vuelta por la oficina mirando en todas direcciones. Nos encontramos con un compañero y le preguntamos por el tema que nos ocupa:

—Oye fulanito, ¿tú eres bueno en esto, no? —Si el otro fuera avispado, debería darse cuenta de que ya tiene medio mico subiéndole por el brazo camino de su hombro; este es el momento que debería aprovechar para quitárselo de encima, rebajando como sea su nivel de sinceridad y empatía, diciendo que eso que le comentas no lo domina, ya que si no, el mico se le subirá al hombro y te habrá liberado a ti de ese problema, que ahora tiene él.

Me refiero aquí a un intento de endosar la responsabilidad, no de pedir ayuda o colaboración. En este segundo caso debemos estar siempre predispuestos a mantener una actitud colaborativa.

A veces lo difícil es distinguir unas situaciones de otras. Por eso tenemos que estar atentos, ver cómo surge la petición, ante quién debemos responder, cuáles son las consecuencias, si lo que tenemos que hacer es todo o parte de esa tarea y también que nuestro nivel de empatía no nos juegue malas pasadas, porque al final con la aceptación del «mico» nos sentiremos fatal, y volveremos a decirnos a nosotros mismos: «es que soy tonto, siempre me pasa lo mismo, esto lo tengo que cambiar...»

En la vida pasa lo mismo, y está bien ayudar a los demás. Pero de ahí a que empatices demasiado, a que te hagas cargo de la responsabilidad de otros, hay mucha diferencia.

«DEBEMOS SER INTUITIVOS, ANALIZAR EL CONTEXTO, SABER PREDECIR Y, SOBRE TODO, SABER DECIR NO».

27. LA BOMBONA DE AIRE PSICOLÓGICO

Si de repente desapareciera todo el aire de la habitación en la que te encuentras, ¿qué sucedería? Lo único que te importaría sería poder respirar, tu única preocupación sería la supervivencia. Sin embargo, como ahora tienes aire, eso no te motiva. Es la llamada «adaptación hedonista»: nos adaptamos rápidamente a las necesidades satisfechas y estas ya no nos motivan.

Esto es muy claro en el aspecto físico: te compras un coche nuevo y los primeros días o meses lo disfrutas mucho pero luego terminas adaptándote. Esto no es tan claro en el aspecto psicológico.

Tras la supervivencia física la mayor necesidad del ser humano es la supervivencia psicológica: ser entendido, afirmado, validado y apreciado, pero en muchas ocasiones esto no lo tenemos y no nos damos cuenta de que estamos al límite de nuestra respiración, en una agonía psicológica. Por eso, cuando escuchamos con empatía, cuando comprendemos, cuando valoramos a otra persona le damos «aire psicológico».

Ten presente esto en cada momento. Piensa que para sobrevivir, no solo debemos gozar de una salud física, sino también psicológica. No desaproveches ni un instante para encontrar una oportunidad de contribuir y facilitar que alguien recupere la salud perdida o deteriorada; cada uno de nosotros debe ser portador de una bombona de oxígeno psicológico para conectarnos a ella nosotros mismos y conectar a los demás.

Me viene a la mente una secuencia de una película *Le llaman Bodhi* en la que Patrick Swayze vive al límite con un grupo de amigos y seguidores a los que ayuda a liberarse de los convencionalismos y de lo preestablecido robando bancos y repartiendo el dinero, y Keanu Reeves, un policía infiltrado en el grupo, le pregunta «¿por qué haces esto?», a lo que Swayze le responde:

«ALGUIEN TIENE QUE HACER ALGO POR ESAS MILES DE ALMAS QUE TRANSITAN CADA DÍA POR LAS CARRETERAS EN SUS ATAÚDES DE METAL... SIN AIRE PSICOLÓGICO EN MUCHOS CASOS».

28. ¿QUÉ ES MÁS ÚTIL, EL AGUA O LOS DIAMANTES?

Esta es una pregunta de microeconomía de segundo curso, y en términos económicos se responde con la *Ley de las utilidades marginales decrecientes* que dice que a medida que aumenta el consumo de un bien, los incrementos en la utilidad o satisfacción que produce cada unidad adicional son menores. En base a este postulado habrá que analizar cada momento o circunstancia personal y ver si un vaso de agua (imagínate si estás en el desierto y llevas dos días sin beber) o un diamante (vives en una zona en la que dispones del agua que quieras) nos producen más o menos utilidad.

Si esto lo llevamos a la *Pirámide de las necesidades de Maslow*, también funciona así:

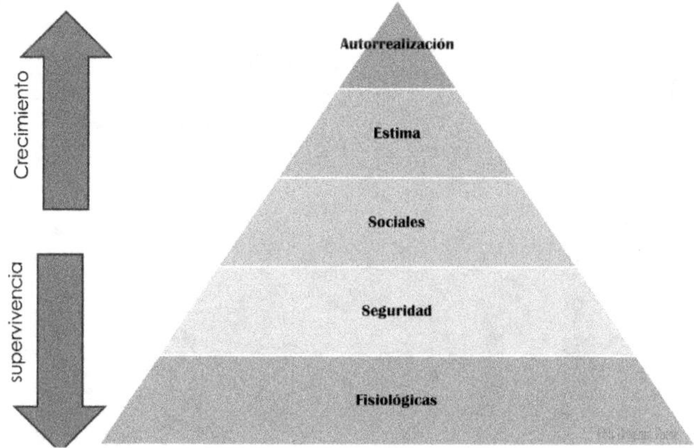

La Pirámide de Maslow es una herramienta psicológica que también se utiliza en *coaching* y que trata de explicar cómo el ser humano satisface necesidades según una escala de prioridad, o podríamos decir de utilidad. Maslow propone cinco tipos de necesidades: fisiológicas, seguridad, sociales y de pertenencia, reconocimiento y autorrealización.

Una vez cubiertas unas necesidades se pasa a las siguientes; una vez superada la supervivencia se pasa al crecimiento.

Pero es necesario distinguir entre necesidad y deseo, ya que a veces nos confundimos:

La necesidad subyace al deseo, y es importante detectar qué necesidad hay debajo de cada deseo. Por ejemplo, puedes tener el deseo de comprarte un gran coche, pero es posible que la necesidad que lo sustenta sea la de seguridad o reconocimiento.

Si sabemos qué necesidad sostiene cada deseo y satisfacemos esa necesidad es probable que al mismo tiempo estemos satisfaciendo el deseo. Pero si lo hacemos al revés, la necesidad seguirá existiendo y estaremos permanentemente insatisfechos.

«UN BUEN LÍDER NO SATISFACE DESEOS, SATISFACE NECESIDADES».

29. ERA VS. ES... ¡¡EVOLUCIONA!!

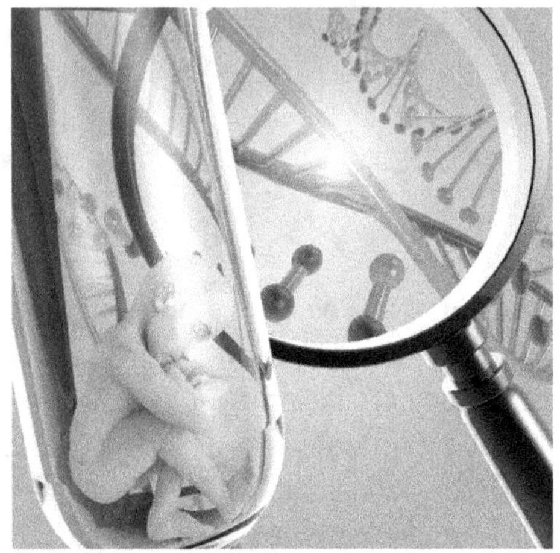

Hace unos años asistí en Madrid a un seminario que impartía Tom Peters, super-gurú del *management*. Este seminario y el libro que me dedicó, *Re-Imagina*, cambiaron mi visión sobre la gestión empresarial y la vida, una visión abierta, poco convencional, centrada en valores innovadores.

En el libro *Re-Imagina*, Tom Peters confronta constantemente un estilo conservador de *management* con un estilo moderno e innovador; al primero se refiere como «era» y al segundo como «es».

Estas diferencias conceptuales, no solo son aplicables al mundo de la empresa, sino también a la vida en general:

ERA	ES
Productos y servicios	Experiencias y soluciones
Ceños fruncidos	Sonrisas
Transacción	Relación
Un trabajo	Un proyecto
Manda la jerarquía	Prima el talento
Conservación	Creación
¡Bah!	¡Wow!
Las personas importan	Las personas son todo
Competencia	Cooperación
Reglas	Relaciones
Si señor	Gracias
Atención a las similitudes	Atención a las diferencias
Planificación	Acción
Una caída en la rutina	Una inversión en lo desconocido
Departamento de RR.HH.	Departamento del TALENTO
Obediencia	Iniciativa
Unitarea	Multitarea
Cumplir el plazo	Hacerlo bien
Barreras	Oportunidades
Información: Necesidad de saber	Información: Deseo de compartir
Lento y firme	Rápido y más rápido
Lealtad vertical	Lealtad horizontal
Espera	Actúa
Agotando el reloj	Rebobinando el motor
Satisface una necesidad	Cumple un sueño
Resignado a la vida	Dispuesto a cambiar el mundo

«EN EL GRUPO DE CONCEPTOS EN LOS QUE SE CENTRA TOM PETERS, PREDOMINA CLARAMENTE UN MAYOR GRADO DE RELACIÓN SOCIAL, DE FACTOR HUMANO, DE MOTIVACIÓN, DE INNOVACIÓN Y, SI ME PERMITÍS, DE CIERTA REVOLUCIÓN».

30. SI PUEDES TOCARLO ES QUE NO ES REAL

«El talento es la inteligencia triunfante, convertir los conocimientos en comportamientos, en el talentismo, que es el nuevo sistema económico y social que sucede hoy al capitalismo, lo intangible, los factores de producción de beneficios futuros que no tienen naturaleza física o financiera, como el capital humano, los clientes, la marca... Es mucho más valioso que lo tangible; lo emocional pasa por delante de lo racional».

Del capitalismo al «talentismo», JC Cubeiro

Según ASEPYME, en los 80, los intangibles representaban menos del 40% del valor de las compañías; en los 90 representaban más del 60% y hoy suponen más del 90%. Estos intangibles no aparecen en los balances de las empresas.

Las reglas y ecuaciones de valoración de empresas de las escuelas de negocios en muchos casos son analíticas y no tienen en cuenta en su justa dimensión los intangibles y por tanto el plano emocional: el grado de motivación de la plantilla, el fomento de la creatividad, el compromiso, el estilo de liderazgo, la cultura corporativa..., y como consecuencia de ello, muchas adquisiciones o fusiones de compañías terminan siendo un fracaso.

Peter Drucker dice que «las empresas son procesos sociales con resultados económicos». Incluso en un mundo tan racional como el financiero y el empresarial, lo emocional está ganando espacio y estoy seguro de que a corto y medio plazo tendrá el lugar que le corresponde.

«LOS BALANCES NO REFLEJAN COMPLETAMENTE LA REALIDAD DE LA EMPRESA; SE NECESITA SABER DE MANERA DEFINITIVA SOBRE LOS INTANGIBLES, SOBRE LO QUE NO SE CONTABILIZA, LO QUE NO SE CUANTIFICA, LO INMATERIAL, LO EMOCIONAL».

31. SINERGIA: EL TODO NO ES IGUAL A LA SUMA DE LAS PARTES

1+1=3

En operaciones de Fusiones y Adquisiciones de empresas, *«Mergers and Acquisitions»* en inglés, conocidas en el mundo de los negocios como operaciones de M&A, lo que se persigue es generar un valor añadido superior a cada una de las partes por separado a través de las conocidas sinergias positivas. Ya sabemos que el Principio de Sinergia dice que «el todo no es igual a la suma de las partes».

Un estudio de la consultora KPMG dice que solo un 17% de estas operaciones crean valor, un 53% lo pierden y un 30% se quedan como están.

Cuando se contempla la posibilidad de comprar una empresa, se analizan los balances, las estructuras de costes, la cartera de clientes, el endeudamiento y con todo ello se hace una composición de lugar y se concluye si esa operación generará sinergias: si va a aumentar la cifra de ventas, si se va a estar presente en más mercados si se ampliará el portfolio de servicios y, por supuesto, si se mejorarán los resultados.

Para llevar a cabo todo esto se hace lo que se denomina *«due diligence»*, que es una revisión de la contabilidad, de los aspectos fiscales y jurídicos y societarios de ambas compañías.

Hasta aquí todo es papel, pero esto es solo el mapa. Cuando se firma la operación y entramos en el territorio, a veces ocurre, ¡oh sorpresa! que «el mapa no es el territorio».

La clave del éxito de estas operaciones está en las personas, en el factor humano. A veces no se tienen en cuenta en su justa medida las culturas corporativas, los aspectos motivacionales, las relaciones interpersonales o la integración de los equipos de las dos compañías.

Reconozco que es difícil hacer esto con profundidad y detalle *a priori*, porque este tipo de operaciones tienen un cierto secretismo hasta que se oficializan, pero al menos en el proceso de integración todo eso debe considerarse como un aspecto fundamental y ser conscientes de que es por ahí por donde se puede fracasar. Por eso hay que invertir esfuerzos y recursos en la integración y evaluación de ambos equipos viéndolo como una inversión y no como un gasto, nombrar un coordinador o responsable de integración, o varios si es necesario, pero de verdad creyendo en ello.

«ORGANIZACIONES, EQUIPOS, PERSONAS, EL HÁBITO GANAR-GANAR, MOTIVACIÓN, TALENTO, INTELIGENCIA EMOCIONAL, LIDERAZGO, MARCA, IMAGEN, CULTURA CORPORATIVA… ¿DÓNDE ESTÁ CONTABILIZADO TODO ESTO? ¿QUÉ PARTIDA DEL BALANCE REFLEJA ESTE ACTIVO? PUES EFECTIVAMENTE… NINGUNA».

32. EL MITO DE LA CAVERNA Y LA SOCIEDAD DE MERCADO

M e gustaría hacer una reflexión sobre nuestro desarrollo económico y su herramienta, la economía de mercado.

Ante la frase del economista inglés Kenneth Bouldign *«quién crea que un crecimiento exponencial puede durar eternamente en un mundo finito, es un loco o un economista»*, en principio puedes creer que tiene razón. Pero si te paras a pensar en la Historia de la Humanidad, durante largos periodos de tiempo la curva de crecimiento ha sido —y es— exponencial.

Por eso creo que una de las herramientas de apoyo del crecimiento económico, que es la economía de mercado (oferta y demanda), ha sido muy útil para organizar la actividad productiva y llegar a donde estamos, pero el problema es que esta herramienta está en poder del imperfecto ser humano y se nos ha ido de las manos. Así hemos llegado a una sociedad de mercado, que es una manera de vivir en la que los aspectos mercantiles penetran en todas las actividades humanas y en la que las relaciones sociales están hechas a imagen del mercado.

Acordaos del mito de la caverna de Platón, que representaba dos mundos y nos mostraba varios hombres prisioneros desde pequeños en una caverna. Al estar atados por el cuello, no podían girar la cabeza y solo alcanzaban a ver el fondo de la estancia. Detrás de ellos había una hoguera que iluminaba la cueva y un pasillo por el que circulan hombres con todo tipo de objetos cuyas sombras se proyectaban en el fondo de la caverna, y eso es lo que venían los encadenados: proyecciones que confundían con la realidad (esto sería hoy la sociedad de mercado).

El mito de la caverna da un giro cuando uno de los prisioneros es liberado, sale de su prisión y comprueba que la realidad es otra: un mundo de lagos, árboles, animales... (serían los valores humanos). Feliz con su averiguación, el prisionero liberado vuelve con sus antiguos compañeros para relatarles que fuera de la caverna se encuentra la realidad, y que lo que ven no son sino sombras.

¿Cuál es la reacción de quienes aún permanecen en la caverna? Se ríen del liberado, piensan que la luz lo ha cegado, que por eso dice tales cosas. Para demostrar lo contrario, el hombre libre trata de quitar las cadenas al resto, pero estos se niegan y amenazan incluso con matarlo.

Ante esto, nosotros debemos decidir qué es lo que queremos: ¿cuál debería ser el papel del mercado en las relaciones personales? ¿Cómo decidimos qué bienes pueden comprarse y venderse? ¿Qué valores debemos preservar de las garras del mercado? ¿A qué no debemos poner precio? Actualmente quedan muy pocas cosas que no se vendan; ya sabéis que todo está en venta, por increíble que parezca.

Llegados a este punto, poner freno a esta escalada en la que todo se monetiza no es fácil, pero depende de cada uno de nosotros. Sin demanda no hay oferta. Por cierto, recuerdo una pregunta de un examen: «explique por qué la expresión un bien libre es una inconsistencia de conceptos». Claro, porque algo que no tiene precio ni dueño y cuya oferta es ilimitada no puede considerarse un bien en sí mismo (no puede haber oferta y demanda) aunque satisfaga necesidades, como el aire, la lluvia, el viento...

Propongo que cada uno de nosotros contribuya a hacer libres los máximos bienes y a transformarlos en valores para aportarlos siempre de manera infinita: la dignidad, la amistad, el amor, la moral, la gratitud, el respeto, la pasión.

«HAY QUE SALIR DE LA CAVERNA DE LA SOCIEDAD DE MERCADO».

33. ¿A QUIÉN LE GUSTAN LAS FLORES DE PLÁSTICO?

En la vida, en el mundo de los negocios, hay muchas flores de plástico. ¿A quién le gustan las flores de plástico? Personas genéricas que creen que solo por sacar buenas notas, usar un buen traje, tener un buen coche o una buena casa y tratar de ser perfectos por fuera van a conseguir la felicidad.

La felicidad, no confundida con el «éxito material», es algo más profundo que todo lo antes mencionado, y no solo está en ti, sino en tu relación con los demás y su aceptación y valoración hacia ti, por tu aportación sincera y real.

Pero ojo, hay que estar muy atentos y tener las ideas claras a la hora de detectar y valorar realmente esas flores de plástico en otros y en nosotros. Quizás yo, en otro tiempo, me sentía más condicionado por los rasgos externos de las personas a la hora de valorar o emitir un juicio, también sobre mí mismo, en cierto modo yo también era una flor de plástico. Afortunadamente hoy esto no es ni mucho menos así y mi consideración y evaluación va mucho más allá, es mucho más profunda y está centrada en la persona en sí, en su interior.

Esto que aplicamos a los demás, tenemos que aplicárnoslo también a nosotros mismos y por tanto no debemos tener miedo de mostrarnos como somos, con nuestros fallos y aciertos, a los demás. A la vida le gustan las flores de verdad, las que cambian (se ponen feas y todo), y son reales y auténticas.

«RECUERDA, HAY UNA BELLEZA OCULTA EN LA IMPERFECCIÓN».

34. CREA UNA CAUSA, NO UN NEGOCIO

La mayoría de las organizaciones que ofrecen un producto o servicio se comunican de fuera hacia dentro, de lo más definido a lo más difuso. La diferencia la marcan las empresas que se comunican de dentro hacia afuera.

Esto quiere decir que, si puedes transmitir el verdadero propósito de tu empresa, aquello en lo que crees, la causa por la que existe, estarás transmitiendo al cliente un por qué y eso conectará más directamente con su parte emocional, habrá una razón de ser, y de manera instintiva el cliente tendrá un argumento para comprar tu producto.

En cambio, si la comunicación se realiza, como en la mayoría de las empresas, de fuera hacia dentro, el propósito o la finalidad no quedará expresamente definido y será difícil conectar con el *feeling* del cliente; solo conectarás con su parte racional, y en este caso no te quedaría más remedio que competir por precio, diseño...

Sé que esto no es fácil, ya que en la mayoría de las ocasiones no queremos arriesgar y nos sentimos cómodos pensando que está todo inventado y garantizando un cierto nivel de beneficios. Esto es pura racionalidad (que también es necesaria), pero no debe ser un fin, sino un medio.

El empresario que destila pasión por su empresa incluirá dosis emocionales en su propuesta de valor porque su fin principal es la causa que le llevó a crearla, a satisfacer la necesidad del cliente de una manera diferente, en sintonía con lo que él siente. A esto me refiero.

Si solo nos basamos en el *qué* seremos uno más del mercado y tendremos difícil nuestra diferenciación. Debemos transmitir el *por qué*.

«MUCHAS PERSONAS SABEN QUÉ HACE SU EMPRESA, ALGUNOS SABEN CÓMO LO HACE PERO POCOS POR QUÉ LO HACE».

35. DESCUBRE TU NUEVA MIRADA

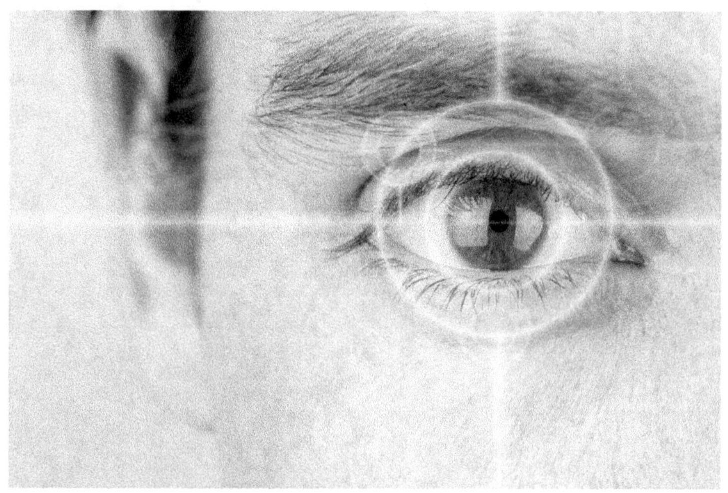

«El verdadero acto de descubrimiento no es encontrar tierras nuevas, sino aprender a mirar con nuevos ojos».

Marcel Proust

Pues en realidad es como dice Proust, o al menos a mí me ha pasado: si experimentas algún cambio trascendente en tu vida, te darás cuenta de cómo las cosas que te rodean, que siempre han estado ahí, cobran un sentido diferente. Es como si te quitaras una venda de los ojos y vieses las cosas a tu alrededor de manera diferente.

A mí me pasa con los libros. Cuando los relees después de un cambio, descubres mensajes y contenidos que antes habías pasado por alto porque no te transmitían nada especial. También ocurre con las personas. En una etapa anterior, cuando conocía a alguien lo primero que veía era al profesional y luego a la persona. Ahora es al revés.

Todo ello es muy enriquecedor porque descubres una nueva dimensión de ti mismo y de los demás, y esa sensación es sencillamente maravillosa.

Todo está dentro de ti: si tú cambias, todo lo demás cambia.

«NADA HA CAMBIADO, SOLO YO HE CAMBIADO, LUEGO TODO HA CAMBIADO».
PROVERBIO SUFÍ

36. RED DE CONTACTOS

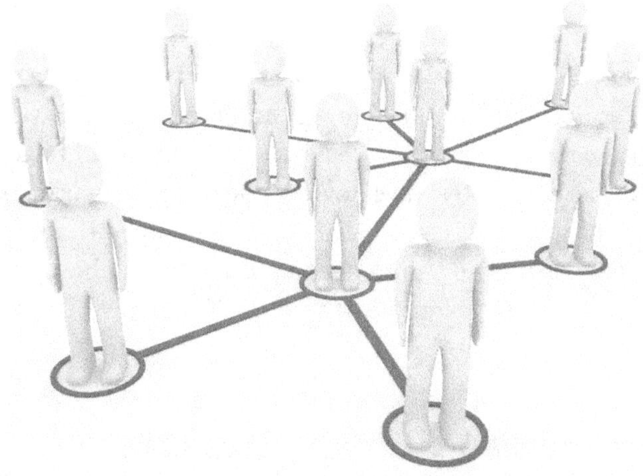

La sabiduría y el conocimiento son muy amplios y diversos. No te esfuerces en saber de todo como si fueras un especialista; está bien tener una ligera idea de eso que no es lo tuyo pero no más.

Recordemos que tenemos una capacidad limitada de almacenaje y consumir energía en aquello en lo que nunca vamos a ser mejores que los especialistas es tirar tiempo, energía y dinero.

Es importante trabajar y cultivar una buena red de contactos: esas personas de confianza que nos puedan ayudar en un momento dado en algo que necesitemos y que ellos dominen.

No consiste en hacer de esto una finalidad en sí misma, ni en crear una red interesada de conocidos, sino en al menos no perder de vista que, cuando por circunstancias conocemos a alguien que merece nuestra confianza, que está informado y tiene conocimiento de la materia en la que trabaja y nosotros también nos mostramos con esa persona de manera cercana, respetuosa y sincera y le ofrecemos nuestra ayuda, esa relación se puede cultivar e intentar mantener. No hay tantas posibilidades para crear una red de contactos y conocidos a los que puedas prestar tu ayuda y recibir la suya.

Pero es importante que tú también intentes ser interesante para esas personas, ya que una red de contactos es cosa de las dos partes, no solo depende de ti. No te frustres si no lo consigues y sigue con esa mentalidad; puede haber muchas razones que no lo han hecho posible hasta ahora. Sobre todo confía en ti y siéntete seguro de cómo eres y de lo que aportas.

«LO IMPORTANTE NO ES SABER, SINO TENER EL TELÉFONO DE LOS QUE SABEN».
LES LUTHIERS

37. EN BUSCA DEL TALENTO

Para mí, una de las cosas más difíciles es detectar el talento, pero no el talento de otros, que también, sino especialmente el propio.

Pero ¿cómo encontrarlo?

Debes estar en un estado de alerta y predisposición, de atención respecto a lo que te rodea y detectar señales que te digan que tu reacción ante un hecho determinado es diferente a la de los demás. El siguiente paso es seguir esa señal, es decir, trabajarla y examinar su profundidad, ver si en ella subyace una habilidad especial, algo en lo que tengas talento. Quizás no represente nada, o sí, quién sabe, pero al menos lo habrás intentado. Ahora bien, si descubres un talento, no basta con ser consciente de él, tienes que pasar a la acción y aprovecharlo, si no es como si no lo tuvieras.

El talento significa hacer algo de manera natural, algo significativamente diferente a los demás, tanto en cuanto al tiempo de ejecución como a su calidad, pero a veces es difícil darnos cuenta de cuál es ya que para nosotros es normal. Por eso tienes que dejar a un lado las timideces y preguntar abiertamente a amigos, familiares, compañeros... ¿qué crees que hago bien, en qué tengo habilidad? Quizás las respuestas que encuentres te puedan sorprender.

A nivel empresarial sucede lo mismo: los departamentos de recursos humanos o de talento deben ser los encargados de detectarlo, formarlo, aprovecharlo y retenerlo con ayuda de planes de carrera, mentorizaciones, sistemas de evaluación de la gestión del desempeño, políticas de selección y reclutamiento enfocadas a ello, y que la búsqueda del talento sea un fin y no un medio.

«CADA UNO DE NOSOTROS TENEMOS TALENTO PARA ALGO Y PARA DETECTARLO HAY QUE BUSCARLO, PORQUE LA COTIDIANIDAD ES COMO UNA VENDA QUE NO NOS DEJA VER MÁS ALLÁ DE NUESTRO DÍA A DÍA Y DE NUESTRO QUEHACER REPETITIVO».

38. COLABORACIÓN Y COMPROMISO: LOS HUEVOS CON BEICON

Existe una importante diferencia entre colaboración y compromiso: en un plato de huevos con beicon, la gallina colabora y el cerdo se compromete.

Colaborar es limitarte a hacer tus funciones, tu trabajo, pero no ir más allá, no participar activamente en un proyecto hasta sus últimas consecuencias y vivir las eventualidades que puedan suceder. El compromiso, además de la implicación funcional, conlleva una implicación personal; te implicas para que las cosas salgan incluso mejor de lo planteado, te dejas algo de ti en ese propósito, te preocupas si algo no sale bien y buscas alternativas, no te conformas con mínimos resultados, quieres más y mejor.

Sí, ya sé que adoptar una u otra postura depende en algunos casos, no solo de ti, sino de otros factores: remuneración, reconocimiento, valoración, comprensión... pero no puedes alegar esto para justificar una actitud meramente colaborativa de manera continuada. Si en la vida quieres estar comprometido, tú tienes que crear tus propias circunstancias tomando decisiones. Por ejemplo, cuando eres padre adquieres un compromiso, y también lo adquieres cuando tienes una pareja, te ascienden en el trabajo, etc.

«LA ELECCIÓN ESTÁ EN TI: ¿COLABORAS O TE COMPROMETES?»

39. LA AUTOVALORA-CIÓN OBJETIVA. MÍRATE AL ESPEJO

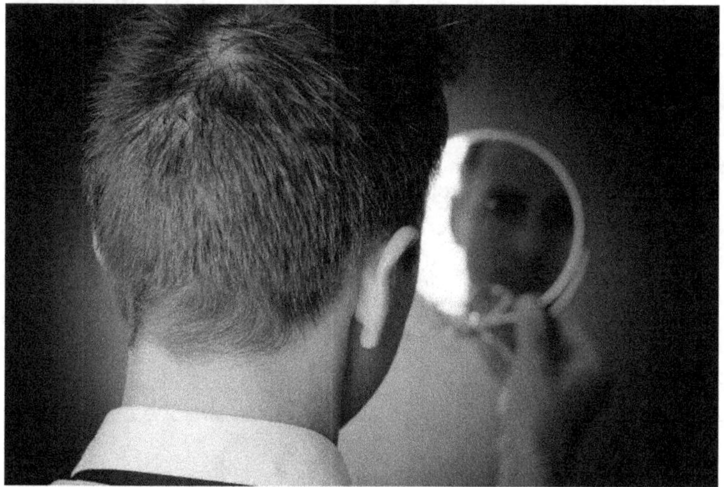

A lo largo de mi trayectoria profesional, siempre he hecho una autovaloración continua de mi aportación a la empresa y también de lo que la empresa me aportaba a mí. Debe ser lo más objetiva posible; aunque los términos autovaloración y objetiva parezcan enfrentados, hay que mirarse desde fuera. Esto no es tan fácil y, además, que esa autovaloración esté más o menos alineada con lo que la empresa percibe que aportas es todavía más complicado.

He visto muchas personas que en esa valoración propia consideran factores como el esfuerzo de levantarse muy temprano cada mañana, el tiempo diario de atasco, su presencia durante ocho largas horas en el trabajo; evidentemente todos ellos son factores que cada uno de nosotros vivimos y que nos influyen y afectan, pero con eso todavía no estamos aportando nada a la empresa.

Más bien creo que tendríamos que preguntarnos: ¿cuáles son mis aportaciones a la mejora diaria?, ¿cuál es mi capacidad de adaptación a las diferentes situaciones?, ¿cómo desarrollo mi responsabilidad? Sí, ya sé que esta es nuestra parte. Luego tiene que haber otra, que es lo que yo percibo que la empresa me aporta a mí: motivación y trato, medios, ambiente de trabajo, comunicación, una retribución acorde con mi responsabilidad, reconocimiento...

Mi experiencia me dice que tenemos que ofrecer nuestras aportaciones a la empresa proactivamente, pero que sean realmente aportaciones en el contexto en que nos desenvolvemos. Espera recibir algo a cambio en un plazo prudencial que te marques y, si en ese plazo no hay reacción por parte de la empresa hay que hablar y pedir pues puede haber alguna circunstancia que haya hecho que no haya habido una respuesta automática.

Si después de seguir estos pasos no obtienes resultado, plantéate cambiar de empresa.

Con una visión poco realista sobre ti mismo, te puedes encontrar un día ante un despido y que tengas que preguntarte ¿por qué a mí?

Sucede en estos casos lo mismo que cuando te miras al espejo y te das cuenta de que se te cae el pelo; cuando esto sucede es que has perdido ya el 70% del mismo. Por favor reacciona, se proactivo, haz una autovaloración continua y obtén un *feedback* que te permita tomar decisiones.

Creo que todo esto también se puede aplicar a la vida personal y no solo al plano profesional.

«¿CÓMO ME REINVENTO CADA DÍA?»

40. SUEÑA Y VIVE EL AHORA

«Llena tu mente de sueños y tu agenda de acciones».

Tener sueños es vital, te hace penetrar en tu futuro de manera ilimitada haciendo planes que luego tendrás que acompañar de acciones y acciones que están en el presente. Compaginar ambas cosas es crucial pues si no llevamos a la práctica estos sueños, se quedarán en nuestra mente y podrán generarnos un estado de frustración.

Mi recomendación es que vivas el presente de acuerdo con tus sueños y que les des forma a través de la acción hoy aunque con pista de aterrizaje cerca, con los pies en el suelo. Hay que mirar a las estrellas pero con los pies en la tierra.

Si el sueño se repite es que hay algo en tu interior que lo desea y, si persiste en el tiempo, quizás necesites ayuda para ponerlo en acción: *coaching*, *mentoring*, compartirlo, preguntar a los demás... No seas tímido, el tiempo pasa.

«SI NO ACTÚAS, TE PASARÁS EL RESTO DE TU VIDA SIENDO EL CRÍTICO LECTOR DE TU PASADO EN LUGAR DE SER EL BRILLANTE ESCRITOR DE TU FUTURO».

41. ¿TÚ ERES MÁS DE TARJETA DE CRÉDITO O DE PLAN DE PENSIONES?

«La vida es un juego del que nadie puede retirarse a tiempo llevándose sus ganancias».

ANDRÉ MAUROIS

Si eres más de tarjeta de crédito, estás viviendo el presente, y si eres más de plan de pensiones, sacrificas el presente por el futuro.

Sí, ya sé que comentarás «es que yo soy de ambos: vivo el presente y al mismo tiempo tengo la vista puesta en el futuro». Correcto, pero genuinamente esto no es así, sino que en tu modelo de vida siempre prevalecerá uno de los dos estilos sobre el otro y hay que ser conscientes de ello y no hacernos trampas a nosotros mismos.

En mi caso os diré que mi estilo es el de tarjeta de crédito. Aunque tengo un plan de pensiones, esto no quiere decir nada, ya que lo que cuenta es lo que piensas y haces día a día, el propósito con que tomas tus decisiones y ser consciente de en qué momento quieres vivir.

Seguro que ante algún suceso desagradable que hayas vivido de manera cercana, un fallecimiento, una enfermedad, habrás escuchado muchas veces aquello de: «está claro que hay que vivir y disfrutar de la vida, que luego no sabemos lo que nos espera».

Ese suceso hará que por un momento empaticemos emocionalmente con la persona a la que le haya sucedido o con sus familiares pensando que su presente quedará afectado por ese hecho y que su vida habrá cambiado a peor, pero luego volveremos a nuestra zona de confort y no haremos nada al respecto.

Mi recomendación es que no esperemos a que nos sobrevengan acontecimientos para tomar decisiones, y que si realmente deseamos vivir el presente disfrutando de cada momento, pongámonos manos a la obra, solicitemos ayuda si por nosotros mismos no podemos dar los pasos necesarios, y por supuesto, perdamos de vista los grilletes del dinero, ese tirano atroz que nos mantiene atenazados y que constantemente condiciona nuestras decisiones.

«EN LA VIDA O GASTAS EL DINERO O LO AHORRAS, NO HAY TIEMPO PARA LAS DOS COSAS».

42. LA PRUEBA DEL ALGODÓN DE LA INNOVACIÓN

En un mundo en continuo cambio quizás la innovación sea una de las mejores formas de adaptación y garantía de la supervivencia.

Pero en las empresas tenemos que identificar bien ese proceso, ya que no es oro todo lo que reluce y hay que evaluar si la innovación realmente es una mejora y es rentable económicamente.

Las mentes creativas son hoy el alma de las organizaciones, pero todo su torrente de ideas hay que ponerlo en contexto y determinar cuál es la aportación y el valor añadido que generan con cada idea, realizar un análisis económico tanto a corto como a largo plazo, no solo de manera directa, sino también su contribución indirecta o global, económica y social.

Normalmente la mente creativa analiza la situación, genera una idea, la argumenta y la desarrolla, pero le corresponde a la parte operativa ponerla en marcha de manera práctica y rentable.

Si, habiendo creado todo el contexto necesario, habiendo enfocado correctamente la idea y su puesta en práctica, no conseguimos rentabilizarla, entonces esa idea no habrá pasado el test de la eficiencia.

«LA PRUEBA DE LA INNOVACIÓN NO ES SU NOVEDAD, NI SU CONTENIDO CIENTÍFICO, NI EL INGENIO DE LA IDEA, ES SU ÉXITO EN EL MERCADO».
PETER DRUCKER

43. COACHING, ESE GRAN DESCONOCIDO

«El coaching es el arte de soplar brasas».

Leonardo Wolk

En la búsqueda de mi máxima realización, de la aplicación práctica de todo lo aprendido a lo largo de mi vida personal y profesional, distinguí como elementos clave de la misma, la generación de confianza y la ayuda a los demás. Me daba mucho reparo ponerlos en práctica de manera poco estructurada, sin una metodología, en plan autodidacta, ya que podría no hacerlo bien e incluso conseguir el efecto contrario. Encontré en el *coaching* la metodología adecuada para llevarlo a cabo.

Voy a intentar definir qué es el *coaching*:

«El *coaching* consiste en liberar el potencial de una persona para incrementar al máximo su desempeño. Consiste en ayudarle a aprender en lugar de enseñarle.

El *coaching* es un proceso creativo en el que el *coach* y el *coachee* generan ideas con el fin de despertar el talento y el potencial del *coachee*, descubrir nuevas habilidades y adquirir conocimientos. El *coach* es un facilitador de habilidades y destrezas que ayuda al *coachee* a descubrir sus propios recursos y a utilizar su potencial personal y profesional para trazar y alcanzar sus objetivos.

Es un proceso que facilita el aprendizaje del *coachee* a través de un guía denominado *coach* y que se materializa en un plan de acción para la consecución de unos objetivos que le permiten pasar de la situación actual en la que se encuentra a la situación deseada, es decir, a obtener unos resultados».

Podríamos entrar en muchos más detalles pero no es el objeto de este punto ni de este libro.

Por lo tanto, el *coaching* no es formación, no es consultoría, no es terapia, no es asesoramiento.

Para mí la esencia es que en el *coaching* el *coach* no hace juicios de valor, no hace recomendaciones, no dirige al *coachee*. ¿Entonces qué hace? Pues actúa como espejo del *coachee*. ¿Qué quiere decir esto? Quiere decir que a través del arte de preguntar va acompañando al *coachee* en el descubrimiento de sí mismo, de su potencial y de las soluciones o acciones que lo llevan a conseguir lo que quiere.

El *coaching* es un proceso voluntario al que recurre alguien que tiene la inquietud de llegar a otra situación diferente de la que parte, pero que por sí mismo no puede. El *coaching* actúa sobre el presente y el futuro, nunca sobre el pasado. Si alguien tiene una brecha sin cerrar del pasado quizás necesite terapia psicológica pero no *coaching*.

Continuamente estamos dándole vueltas a una idea, a una decisión, a una acción que creemos que tenemos que acometer, pero que una y otra vez se queda en un pensamiento y no la llevamos a la práctica por diferentes motivos: miedo, pereza, incomodidad... Si esto lo mantenemos a lo largo del tiempo nos pasará factura en forma de frustración. El *coaching* te puede ayudar a pasar a la acción y a materializar tus sueños, tus ideas, tus decisiones para conseguir tus metas.

Si el objetivo es a largo plazo, no te preocupes, se crearan sub-objetivos al servicio de ese objetivo mayor. Con el proceso de *coaching*, que suele durar entre cinco a seis sesiones, lograremos alcanzar esos sub-objetivos que en algunos casos consistirán en crear un hábito que te encamine al objetivo final.

Cuando abordamos temas como autoestima, autoconfianza, automotivación, victimismo, culpabilidad, resentimiento, relaciones personales, como base para la consecución de los objetivos planteados, se dice que tienen «carácter personal».

Los temas como liderazgo, motivación, gestión del tiempo, gestión de equipos, trabajo en equipo, reuniones de trabajo, cambios organizacionales, comunicación... suelen tener «carácter profesional».

Pero motivación requiere estar automotivado, liderazgo, autoliderarse y así sucesivamente; por tanto el llamado *coaching ejecutivo* no se concibe sin la base del *coaching personal*.

Cuando se trata de equipos (*coaching* de equipos), las competencias que se desarrollan son compromiso, confianza, comunicación, complementariedad, coordinación...

«YO CREO EN LA POTENCIA DEL COACHING; LO HE COMPROBADO COMO COACH Y SUS RESULTADOS SON EXTRAORDINARIOS».

44. HACIA EL GERENTE-COACH

«*El que haga de 'Taylor' en este tipo de trabajo del conocimiento, tendrá en sus manos la llave del futuro*».

PETER DRUCKER

El mundo empresarial es distinto al de hace cien años, cuando Taylor definió al gerente como la clave de la productividad, y creó un modelo basado en el rendimiento físico de las personas y en el establecimiento de procesos intensivos de trabajo.

Como dice Rafael Echeverría en su libro *La empresa emergente*, los cambios que se han producido son la globalización, el incremento de las condiciones de libertad y competitividad, una aceleración del cambio sin precedentes, el impacto brutal de la tecnología de la información... En este entorno, el gerente-capataz de Taylor, aunque sigue sentado en su silla, démonos cuenta de que está muerto.

Muchas empresas están atrapadas en este modelo de productividad obsoleto; el trabajo manual es otro, requiere intercambios con tecnologías complejas. El problema es un nuevo tipo de trabajo que surge, el trabajo del conocimiento.

El «gerente capataz» apela al miedo e incentiva a que el trabajador haga lo que se le dijo, pero con el trabajador del conocimiento esto no funciona; el miedo lo paraliza, le impide asumir riesgos, le impide innovar, le lleva a no crear o no generar oportunidades de negocio. Necesitamos un gerente-*coach*, que transmita confianza y potencie al trabajador del conocimiento.

El gerente *coach* debe concebirse al servicio del potencial de su equipo y preguntarse: ¿qué puedo hacer hoy para que mi equipo se acerque a su máximo potencial?

John Whitmore, en su libro *Coaching,* comenta: «Necesitamos conseguir el máximo potencial de los equipos, no su máximo rendimiento, porque este estará limitado por la propia capacidad y visión del líder».

Dejemos que cada miembro del equipo se realice plenamente en aquello que sabe hacer y que seguro hace mejor que el líder; no prejuzguemos poniendo límites. El líder debe reconocer esto y así conseguirá la máxima realización del equipo y, por tanto, todo su potencial, y podrá obtener unos resultados que podrán sorprender por estar incluso por encima del máximo rendimiento que había previsto.

Es una noción diferente de liderazgo: antes se medía a los líderes en función de los seguidores que producían, mientras que hoy hay que medirlos por los líderes que crean y la resonancia que transmiten a sus equipos.

«LA PERSONA, EL INDIVIDUO ES IMPORTANTE, PERO NO ES LA UNIDAD BÁSICA EN LAS EMPRESAS. NO BASTA CON TENER INDIVIDUOS FORMADOS, COMPETENTES E INDIVIDUALMENTE SATISFECHOS, SINO QUE LAS UNIDADES BÁSICAS SON LOS EQUIPOS».

45. COACHING, MENTORING Y CONSULTORÍA

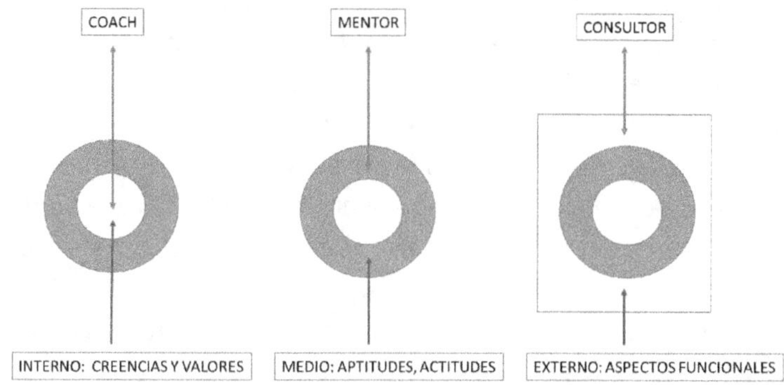

Estas tres actividades o procesos suelen confundirse bastante. Intentaré explicarlas en base a la diferencia fundamental entre las mismas que es la manera en la que se interactúa con el cliente:

Coaching: Como dije antes, es un proceso de acompañamiento en el que el *coach* no enjuicia, no enseña al cliente, y es él mismo quien descubre su potencial para la puesta en marcha de un plan de acción enfocado a la consecución de los objetivos marcados. El *coach* acompaña al cliente para que encuentre la solución. Se interactúa con el interior de la persona, sus creencias y valores.

Existe un *coaching transformacional* u *ontológico*. También hay otras modalidades que se centran en la consecución de los objetivos sin efectos transformadores. Aquí me refiero al primero.

Mentoring: Es un proceso empresarial que pretende reducir la curva de aprendizaje del cliente. En este caso el mentor es una persona con conocimientos y experiencia en la materia. Por ejemplo, un experto en finanzas, en ventas, etc. El cliente puede ser persona nueva en una empresa o que haya sido promocionada para un nuevo puesto en el que debe asumir nuevas competencias. El mentor, en este caso sí recomendará, asesorará y reconducirá a su cliente en las diferentes situaciones que se vaya encontrando en el desarrollo de su trabajo. El mentor enseña al cliente a encontrar la solución. Se interactúa a un nivel medio: la zona de aprendizaje de las personas, sus aptitudes y actitudes.

Esto es muy ventajoso para el mentorizado y para la empresa porque acorta mucho la curva de aprendizaje, evita errores y, en definitiva, supone una reducción muy sustancial de costes.

Consultoría: Cuando contratas un consultor, el encargo consiste en el desarrollo de un proyecto específico sobre una materia en la que este es especialista. Si lo acometieses por ti mismo emplearías mucho más tiempo, pero sobre todo cuando se realiza un encargo de consultoría es porque la materia y el proyecto son importantes para la empresa y esta no puede permitirse el lujo de equivocarse: nadie mejor que el experto pues tiene los medios y la experiencia suficientes para hacerlo bien. El consultor proporciona la solución al cliente.

En este caso, el consultor interactúa con las personas de la empresa situadas al frente de ese proyecto facilitándoles las funciones a realizar. Por tanto, se interactúa en un nivel externo, en aspectos funcionales, que también luego pueden derivar en un aprendizaje, pero no al estilo del *mentoring*.

«CADA UNA DE ESTAS ACTIVIDADES TIENE SU APLICACIÓN PARA CADA SITUACIÓN; LO IMPORTANTE ES SABER IDENTIFICAR ANTE QUÉ SITUACIÓN NOS ENCONTRAMOS, A QUÉ NECESIDAD RESPONDE Y APLICAR EL PROCESO ADECUADO».

46. MENTORING: EL HOMBRE QUE CONOCÍA EL INFINITO

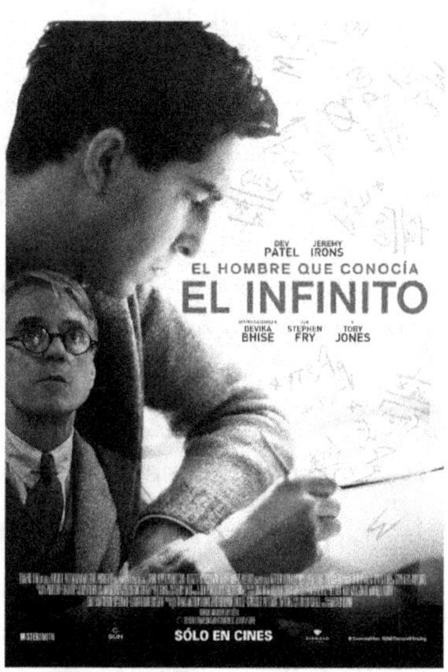

Como hemos comentado anteriormente, *mentoring* es un proceso mediante el cual una persona con más experiencia (mentor) facilita el desarrollo de otra (el mentorizado o *mentee*) a través del intercambio de sus propios recursos, conocimientos, habilidades, perspectivas, actitudes y competencias.

Esta práctica se aplica en empresas fundamentalmente para acortar la curva de aprendizaje y mejorar el desarrollo profesional del mentorizado, y aporta importantes ventajas, sobre todo en la reducción de tiempos de aprendizaje y errores, motivación y fidelización.

Pero el *mentoring* sin inteligencia emocional está abocado al fracaso; elegir a alguien de tu organización para hacer *mentoring* solo porque lleve mucho tiempo en la empresa y conozca la cultura corporativa, y además domine la materia (ventas, finanzas…), no es suficiente; se necesita algo más, se necesita ver más allá de los conocimientos, se necesita también ver a la persona y no solo al profesional y esto es más fácil si el mentor tiene una metodología y una formación adecuadas en el campo emocional.

Te recomiendo que veas la película *El hombre que conocía el infinito*; es un ejemplo claro de lo comentado anteriormente. En ella, un superdotado de las matemáticas de origen indio, Dev Patel (el mentorizado), busca una oportunidad para desarrollar sus teorías en la Universidad de Cambridge. Jeremy Irons (el mentor) cree en él y le da esa oportunidad. El chico se traslada a Cambridge dejando atrás a su familia y a su prometida. Al llegar es acogido por su mentor, que intenta apoyarlo, pero su proceso de tutela está basado solo en los conocimientos y no tiene en cuenta la parte emocional… Ahí lo dejo.

«EL TÉRMINO 'MENTOR' PROCEDE DE LA ANTIGUA GRECIA, CUANDO ULISES ELIGIÓ A MÉNTOR PARA GUIAR Y ACONSEJAR A SU HIJO TELÉMACO VALIÉNDOSE DE SU SENSIBILIDAD Y SABIDURÍA MIENTRAS ÉL SE ENCONTRABA FUERA EN SUS FAMOSOS VIAJES ÉPICOS».

47. LA VIDA TIENE ECO

Un espeleólogo llevó a su hijo pequeño a explorar una cueva. El niño en un momento dado sintió miedo y gritó «¡miedoooo!», y el eco le devolvió la palabra. Después gritó «¡monstruooooo!» y el eco le volvió a contestar. El padre le dijo, «tranquilo no pasa nada» y gritó «¡bellezaaaaa!» y el eco le respondió, y luego «¡amooor!» «¡felicidad!», obteniendo similar réplica. Entonces el niño le preguntó: «¿papá qué significa esto?» y el padre le respondió: «es como la vida misma, según le hables así te responde».

Pues así es. Según actúes en la vida, eso recibirás y esto no ofrece dudas, es una ley inexorable. No vale el argumento fácil de: «ya, pero es que yo soy así». Eso es intentar justificarte, porque las actitudes se pueden educar, cambiar, mejorar. Claro, todo lleva un esfuerzo al principio (del cual luego recoges sus frutos). Lo que no vale es quejarse de lo que recibes pensando que son los demás los que van en dirección contraria y solo tú vas en la dirección correcta, cuando en realidad seguramente no hayas dado en la medida en la que tú quieres recibir.

Es posible que el eco que recibas en algunas ocasiones no se corresponda con lo que tú hayas dado pues a veces doy, pero no necesariamente tengo que recibir hoy. Aplica tu inteligencia a cada situación para gestionarla adecuadamente según tu esencia y verás como a largo plazo seguro que tu saldo es positivo y eso te compensará con creces y te hará feliz.

«SI REPARTES AMOR, RECIBIRÁS AMOR, SI REPARTES IRA, RECIBIRÁS IRA».

48. TODO LO QUE SE PUEDE MEDIR SE PUEDE GESTIONAR

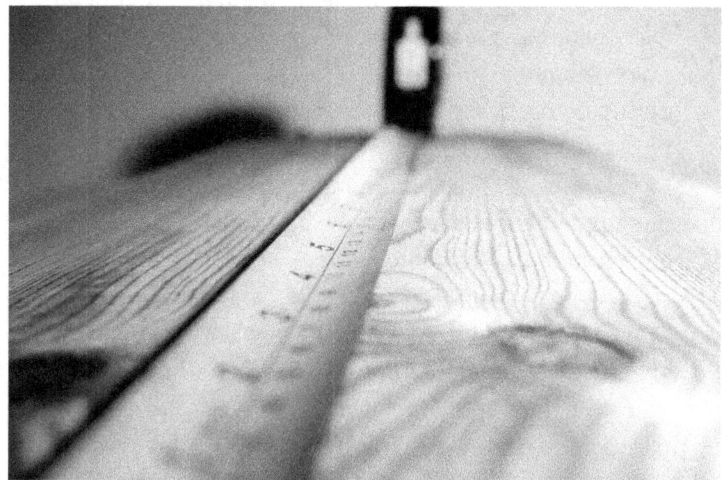

Habría que añadir que, si algo se puede gestionar, además se puede mejorar.

Por tanto, la medición es algo muy importante y todavía lo es más que esa medición responda a la realidad, y, creedme, hoy día casi todo se puede medir.

A lo largo de mi vida profesional este ha sido uno de mis objetivos constantes, los sistemas de medición asociados a la información: la medición de la producción, de los consumos, de la productividad, del desempeño... seguida de conocimiento.

Un adecuado sistema de medición te permite tomar decisiones y esto es vital para el desarrollo de cualquier negocio. Para mí las características de un buen sistema de medición son:

1. Que sea objetivo, de manera que su interpretación no ofrezca dudas, y que sea rápido, concreto y fiable.

    He puesto en marcha varios sistemas de medición y gestión y os transmito que si no acotas bien cada proceso, la forma en que se recopila la información, su estructura, la homogeneidad de la misma, la definición de los conceptos que la componen y el papel que juega cada interviniente en el proceso, nos podemos encontrar con disfunciones que pongan en peligro la toma de decisiones

2. El *feedback* que vas obteniendo con el proceso, que hace que implementes cambios que se traducirán en mejoras, haciéndolo más eficiente

A partir de esta base, el sistema se puede ir enriqueciendo y haciéndose todo lo complejo que se quiera o se necesite. Pero tenemos que tener clara una cosa: la información es una parte, pero debe estructurarse de tal manera que lo que genere sea conocimiento *(business intelligence)*, es decir, que prácticamente la información te esté proponiendo la decisión que tienes que tomar, que sea inteligente, pues si simplemente nos quedamos en la información sin más, solo habremos hecho una parte del trabajo y nos quedará un importante recorrido por delante.

«MUCHAS EMPRESAS SE AHOGAN EN INFORMACIÓN PERO ESTÁN SEDIENTAS DE CONOCIMIENTO».

49. NO DEBEMOS CONFUNDIR LOS FINES CON LOS MEDIOS

La distinción entre *fines* y *medios*, que parece clara, está causando estragos por una alteración en la utilización de estos términos.

Por ejemplo, en empresa, la fuerte personalidad de determinados responsables de departamentos, que son medios para conseguir fines, ha hecho de sus objetivos particulares un fin para la empresa. Por ejemplo, los departamentos de tecnologías de la información (IT), que evidentemente son clave para producir mejoras en los procesos, han alcanzado tal grado de relevancia que una empresa que se dedicaba a la construcción llegó a estar al servicio de este departamento y, como decía irónicamente un buen amigo: «en mi empresa realmente somos una empresa de informática y cuando queda algo de tiempo nos dedicamos a construir».

Lo mismo sucede en la política: los políticos están al servicio de la ciudadanía y no al revés, pero se confunden los términos y acabamos por ser los ciudadanos los que estamos al servicio de la política. Evidentemente, con este enfoque difícilmente conseguiremos resultados satisfactorios para la colectividad.

En la relación de pareja debe presidir el amor y todo lo demás ser secundario pero en muchas relaciones esto se ha desvirtuado tanto que predomina la forma sobre el fondo: los regalos, las cenas románticas, los detalles continuos, la carrera por sorprender el uno al otro con no sé qué detalle; ojo que no estoy en contra de esto, pero no como un fin en sí mismo. Al final en muchos de estos casos estas parejas terminan separándose.

El propio sistema económico actual es otro ejemplo al anteponer lo material (tengo luego existo) a lo humano (siento luego existo), cuando debería ser justo al contrario

«CUANDO SE PONEN LOS FINES AL SERVICIO DE LOS MEDIOS LA DISFUNCIÓN ESTÁ ASEGURADA».

50. LOS PRESUPUESTOS DEBERÍAN DARSE ¡POR SUPUESTOS!

Los presupuestos no son el destino sino la dirección, no son órdenes, sino compromisos, no determinan el futuro sino que son medios de movilización de recursos y de las energías del negocio para crear el futuro.

Presupuestar es un arte y una auténtica teoría de juegos entre líderes y *managers*. Los presupuestos suben y bajan constantemente por el ascensor del organigrama y, al final, cuando se aprueban, no dejan satisfecho a nadie.

En realidad, a todos los niveles, empresariales, políticos, familiares, los presupuestos deberían darse «por supuestos», como decía un compañero, deberían ser un compromiso firme que exige una responsabilidad total y, salvo causas super-justificadas –que las hay– deberían cumplirse en un muy alto porcentaje e incluso mejorarse.

Como decía al principio, no son la estrategia pero sí la parte práctica de la misma. A veces se cambia el presupuesto a mitad de año en base a no sé qué justificación, se reformula la mensualización, se introducen estructuras diferentes a las iniciales y se llega a un presupuesto que se parece como un huevo a una castaña a final de ejercicio.

Presupuestos incrementales, presupuestos base cero, presupuestos verticales, ascendentes o descendentes, por países, por actividades, por regiones, por naturaleza del gasto, ¡ufff! Al final el pobre presupuesto está mareado y los departamentos encargados de su seguimiento y control tienen verdaderas dificultades para hacer su trabajo.

Pensad que cuantas más variables tenga el presupuesto, más posibilidades de justificación de las desviaciones habrá.

Hagámoslo lo más simple posible, porque si al final lo que hay no se puede comparar con lo real y determinar las desviaciones y las medidas correctoras, no habremos conseguido nada.

Recordemos que se realiza una importante toma de decisiones teniendo como base el presupuesto, quedando con ello comprometidos planes y recursos.

«SEAMOS RIGUROSOS A LA HORA DE PLANTEARLO Y, SOBRE TODO, A LA HORA DE CUMPLIRLO COMO UN COMPROMISO INELUDIBLE».

51. TRANSFORMA TUS AMENAZAS EN RETOS

Cuando nos enfrentamos a una situación difícil esta puede ser calificada de amenaza o reto dependiendo de una serie de factores: nuestros conocimientos sobre ella (aptitud), nuestra disposición emocional (actitud), y también del entorno.

Cuando afrontamos una situación importante se pueden dar los siguientes casos:

	MUCHA APTITUD	POCA APTITUD
MUCHA ACTITUD	RETO	PRECIPITACION
POCA ACTITUD	INSEGURIDAD/ESTRÉS	AMENAZA

Aptitud y Actitud. Fuente: Francisco Yuste. *Coaching* Personal.

Pues bien, parece que ante una situación de amenaza podríamos modificar alguno o todos los parámetros anteriores y transformar esta en un reto o en una oportunidad. Pero ¿cómo lo hacemos?

Para eso tienes que identificar ante qué situación te encuentras y qué necesitas para afrontarla: ¿conocimientos? ¿cambios en tu entorno? ¿autoconfianza y seguridad?...

Una vez identificado esto, debemos actuar desde nuestras fortalezas y reforzarlas para que por sí mismas mitiguen las debilidades y refuercen nuestra actitud y seguridad.

«CUALQUIER PROBLEMA ES UNA OPORTUNIDAD VESTIDA DE FAENA».

52. «NEXT QUARTER PROFIT» O LA TIRANÍA DEL BENEFICIO

En un tiempo pasado (ahora menos por la crisis), la presentación de resultados y la generación de beneficios eran para los líderes y *managers* una obsesión. En muchos casos, en cada cuatrimestre se presentan resultados mejores que los anteriores, y así cuatrimestre a cuatrimestre y se valoraba como éxito haber superado los beneficios, como si de una competición se tratara, con el premio al final del ansiado bonus.

Evidentemente, crecer cuatrimestre a cuatrimestre está muy bien; otra cosa es a qué precio, con qué políticas, con qué estrategia.

Si quien lidera esta escalada es un «directivo de paso», entonces tu empresa lo pasará mal porque las políticas se centrarán en el corto plazo, se quemará a los equipos humanos, las inversiones brillarán por su ausencia y el cortoplacismo presidirá todas las decisiones, aplicando la célebre frase de Keynes, «a largo plazo todos muertos». (Por cierto, ¿sabéis por qué Keynes abogaba por el gasto público y el endeudamiento casi ilimitado de los estados? Porque parece que él no iba a tener descendencia y por tanto la deuda pública le daba lo mismo). Pues lo mismo, con esta forma de gestionar, todos muertos, incluso la empresa.

Con esta reflexión lo que quiero poner de manifiesto es que la clave del desarrollo de las organizaciones está en el crecimiento sostenible, en el principio de empresa en funcionamiento sobre una estrategia a largo plazo basada en aspectos de valor económico y social cuyo líder no sea un fin en sí mismo, sino alguien que destile pasión por el proyecto, generoso y humilde y, por supuesto, inteligente emocional y racionalmente, es decir, un «directivo de peso». Y si así, además, se consigue superar los beneficios cuatrimestre a cuatrimestre, ¡¡¡magnífico!!!

«¿QUE NO HAY DIRECTIVOS DE ESTOS? YO CREO QUE SÍ».

53. APRENDER A DESAPRENDER

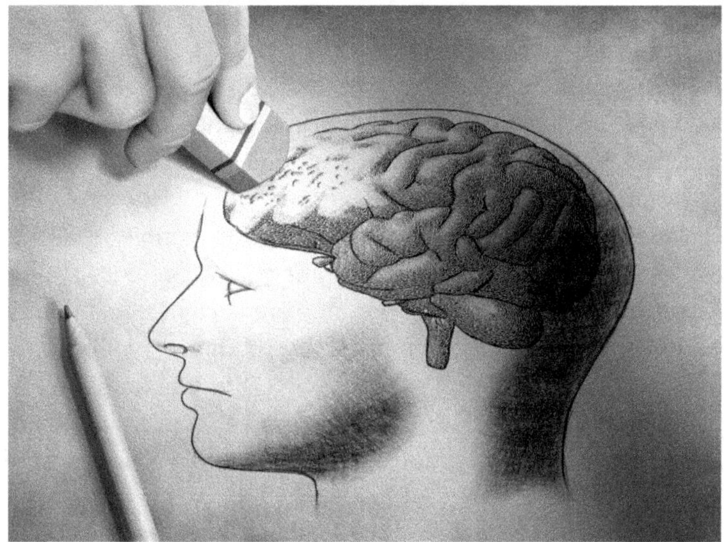

Desaprender es una palabra cargada de significado y con un sentido positivo.

En una sociedad con cambios vertiginosos, no nos queda más remedio que adaptarnos rápidamente; para ello debemos dejar paso a nuevos conocimientos y experiencias, y evolucionar o descartar aquellos otros que en su día adquirimos para usar en unas circunstancias completamente distintas a las actuales. Empeñarnos en aplicar experiencias y conceptos aprendidos en circunstancias pasadas cuyos paradigmas básicos nada tienen que ver con los actuales es como pegarnos continuamente contra una pared.

El acto de evolucionar lo aprendido o descartarlo por obsoleto es desaprender.

Esto no quiere decir que lo aprendido no tenga ninguna utilidad y que nos olvidemos por completo de años y años de aprendizaje, ni mucho menos, pero sí que lo depuremos, que lo purguemos, porque de no ser así y teniendo en cuenta que tenemos un límite de capacidad de almacenaje, nos encontraremos con limitaciones que nos impedirán mejorar e incluso avanzar.

Hay muchos cursos de formación que nos meten «paladas» de conocimiento, pero si previamente no abonas, no fertilizas lo que ya tienes, no desaprendes, esa formación no se asimilará y terminará perdiéndose.

El mundo empresarial está sometido también a estos cambios fulgurantes: aparecen nuevas competencias que exigen nuevas habilidades, y si no somos capaces de dominarlas, no podremos desempeñarlas. Intentaremos hacerlas más o menos como se hacían en el pasado y no lo haremos bien porque las actuales incorporan nuevos conceptos: conocimiento, inteligencia emocional, tecnologías de la información....

En la empresa esto ocurre a todos los niveles: desde los niveles ejecutivos que no permiten la mejora de los procesos, hasta los niveles directivos, que ralentizan la toma de decisiones y practican un liderazgo equivocado de las personas.

Para desaprender debes ser consciente de lo que esto significa y de la necesidad y urgencia que supone, estar abierto a este proceso e incluso a veces ir más allá y llegar al cambio en tus creencias y valores.

«LOS ANALFABETOS DEL SIGLO XXI NO SERÁN AQUELLOS QUE NO SEPAN LEER O ESCRIBIR, SINO AQUELLOS QUE NO SEPAN APRENDER, DESAPRENDER Y REAPRENDER».
ALVIN TOFFLER

54. SUMAR NO ES ACUMULAR

$$\Sigma \neq \textbf{S} \textbf{ALDO}$$

Cada uno de nosotros tiene una cuenta bancaria. Pues bien, cada vez que ingresas la nómina estás sumando, y al lado de cada apunte aparece un concepto que se denomina saldo que representa lo que se acumula.

Si esto lo trasladamos al aprendizaje, los conocimientos, el saber, todo ello tiene un espacio limitado en nuestro cerebro y lo verdaderamente importante es aquello que retenemos, que almacenamos, que acumulamos. Lo que simplemente suma acaba perdiéndose, y además consume energía, tiempo y a veces dinero.

El desalojo, dejar espacio libre en nuestra capacidad, depende de un factor motivacional, un factor de retención que haga que los conceptos, las experiencias y los conocimientos más antiguos dejen paso a los nuevos y estos sean retenidos por tener una razón de ser. A través de ese factor motivacional vemos su utilidad, su aplicación y eso es lo que nos ayuda a retenerlos, a acumularlos.

Pongo un ejemplo: Dos agricultores vecinos tienen cada uno su balsa para riego. Uno de ellos consume mucha más agua que el otro porque ha construido su balsa sobre la base natural de la tierra y el agua se filtra (*suma* agua). En cambio, el otro la ha impermeabilizado, colocando un plástico en la base y por tanto *acumula* agua.

Para retener, es decir para acumular, se necesita ese plástico, ese factor motivacional, ya que si no lo aprendido se termina olvidando, como sucede en nuestra etapa de estudiantes. ¿Cuántos conceptos hemos olvidado por no saber cómo aplicarlos?

Mis abuelos siempre decían «el saber no ocupa lugar» pero sí que ocupa el saber que se retiene, el que se acumula; en cambio el que se olvida, el que solo suma, ese no ocupa.

Te dejo un método para acumular y no sumar. Para mí es una mezcla de varias cosas:

1. Ten un objetivo que derive en pasión. Yo creo que siempre tenemos que estar apasionados; estas pasiones van evolucionando y las primeras retenciones que hicimos darán paso a otras para nueva pasión; así funciona en mi caso

2. Es un estado en el que tienes «sed de conocimiento» pero porque ves su aplicación, su trazabilidad. De verdad, sumar conocimiento sin más no lo recomiendo; no seáis profesionales de los cursos, sin aplicación no sirven. Hay que retener y para ello se necesita una finalidad

3. Aplicar The Eisenhower box para distinguir lo importante de lo urgente

4. Acuérdate siempre de la regla del 80/20. Ya sabes, con el 20% de tus acciones consigues el 80% de tus logros; céntrate en ese 20% y ahorrartoda la energía posible

5. Ten como soporte de todo ello un estado emocional equilibrado, contigo mismo y con tu entorno

Y con todo esto ya tienes tu plástico que te permite retener, acumular.

«SUMAR Y ACUMULAR SON CONCEPTOS DIFERENTES».

55. TRABAJO EN EQUIPO. CULTIVA TU MIRADA SISTÉMICA

Los seres humanos somos seres gregarios; necesitamos pertenecer a un grupo y ser aceptados y reconocidos para dar nuestro máximo.

Pertenecemos a diferentes grupos o sistemas: la familia, los amigos, el trabajo, la comunidad de vecinos...

En muchos de ellos estamos organizados en equipos: un grupo de personas que persigue un fin común. Quizás sea en las organizaciones empresariales donde el equipo adquiera su máxima expresión ya que la exigencia de resultados está mucho más presente. Las empresas están organizadas en equipos de trabajo: departamentos, divisiones, áreas... y hemos de tener presente que solo trabajando en equipo es posible conseguir logros importantes.

Si perteneces a un equipo, puedes ser solo miembro del mismo o al mismo tiempo liderarlo, porque todo equipo tiene un líder.

En el primer caso debes desarrollar un sentido de pertenencia y una mirada sistémica, y en el segundo caso, además, competencias de liderazgo.

Los valores que resaltan en un equipo son las denominadas 5C´s: Confianza, Compromiso, Cooperación, Complementariedad y Comunicación.

Cuando las personas se agrupan con una finalidad común surge el equipo, cuya constitución tiene unas etapas:

Constitución	⟶	*Forming*
Conflicto	⟶	*Storming*
Regulación	⟶	*Norming*
La mejor versión	⟶	*Performing*

Todo sistema se rige por las denominadas leyes sistémicas:

1ª Ley de pertenencia
2ª Ley de prevalencia o antigüedad
3ª Ley de equilibrio: dar y recibir
4ª Ley de jerarquía
5ª Ley de reconocimiento
6ª Ley de aceptación

Cuando nos constituimos en equipo, sobre todo a nivel empresa, perseguimos un resultado, pero el mero hecho de crear el equipo no te lo garantiza, y así nos podemos encontrar con lo siguiente:

- Equipos de bajo rendimiento: 1+1= negativo, resta
- Equipos de medio rendimiento: 1+1=2
- Equipos de alto rendimiento: 1+1=3

Está claro que nos interesan los equipos de alto rendimiento, y para lograrlo la clave está en sus miembros y en el liderazgo que se ejerza sobre ellos.

Podríamos profundizar mucho más sobre el funcionamiento de los equipos, pero no es el objeto de este libro.

Me gustaría comentarte que he terminado recientemente un curso de *Coaching* de Equipos de Alto Rendimiento y mi experiencia ha sido muy positiva, ha contribuido a que centre más mi mirada sistémica a sensibilizarme aún más sobre los equipos. En cada hecho o actuación veo detrás un equipo y eso me permite comprender y empatizar mejor con la gente; veo el autobús y pienso en los equipos que hay detrás: conductores, mecánicos, administrativos; en una cafetería: cocineros, camareros, el de la barra... y así con todo. Mi mirada ahora es super-sistémica. Es lo mismo que les pasa a las embarazadas, según me contaba mi esposa, y es que solo ven embarazadas. Pues así estoy, «equipado» hasta los dientes.

La verdad es que esta sensibilización es necesaria para darnos cuenta de que prácticamente todo funciona en equipo, y esa mirada es necesario practicarla y constituirla en hábito y conciencia.

Un equipo funcionando multiplica claramente los resultados. Aunque esto lo tengamos delante nuestro, a veces no nos damos cuenta y quizás es solo cuestión de un pequeño ajuste, de una conversación, de un comentario sincero, de un reconocimiento.

«SI CAMINAS SOLO IRÁS MÁS RÁPIDO; SI CAMINAS ACOMPAÑADO,
LLEGARÁS MÁS LEJOS».
PROVERBIO CHINO

56. SI LLEGAS SOLO A LA CIMA ¿QUIÉN TOMARÁ LA FOTO?

Esta frase siempre me ha gustado. Parece simple e irónica pero está cargada de sentido (aunque ahora tal vez un poco menos con las nuevas tecnologías).

Es cierto que para escalar la cumbre tú eres el líder de tu escalada, pero siempre necesitas un equipo; solo no puedes conseguirlo. Vives en relación, necesitas apoyo, colaboración, comprensión, complementariedad... de aquellos que te rodean o que de alguna manera intervienen en lo que quieres conseguir.

Quizás el alpinismo, más que cualquier otra actividad, refleje la capacidad humana del ser humano para lograr aquello que parece inalcanzable.

Antes de conquistar una cima esta es solo un ideal, una aspiración que se alimenta de la tenacidad y la confianza de una persona. Solo quien está convencido de poder culminarla dispondrá de fuerzas para llegar hasta ella. Pero la montaña no solo pone a prueba la confianza en uno mismo, sino también la que tenemos en los demás; es esencial elegir bien los «compañeros de cordada», como dice Jon Krakauer, escritor, periodista y montañero.

Si ellos se sienten inseguros o no saben pisar terreno firme, puesto que la cuerda une nuestro destino al suyo nos arrastrarán al abismo. También las personas a las que nos atamos en la vida determinan nuestro destino. Si ya de por sí nuestra escalada vital es difícil, si elegimos mal a nuestros compañeros de cordada añadiremos obstáculos a nuestra ascensión poniéndola en peligro al hacerla depender de los miedos e inseguridades de otros.

Sé que plasmar esto en un escrito es fácil, que no lo es tanto actuar así en la vida, pues hay muchas cosas que nos vienen dadas: familia, entorno, hijos, pero sinceramente creo que se puede actuar en todos estos frentes si tu cumbre es clara, si por encima de todo es la felicidad. Recuerda que tu tiempo es limitado y no debes consumirlo viviendo la vida de otros. Modela tu entorno, adáptalo a tus objetivos, toma decisiones, apóyate en personas constructivas que te ayuden de verdad y ten la capacidad de decir no a aquellos que consideres que no te van a aportar lo que tú necesitas.

Tanto en tu vida personal como en la profesional, necesitas de los demás para realizarte. Por tanto, para conseguir tus metas debes tener en cuenta a tu equipo, a tus amigos, a tu entorno; tú solo no lo vas a conseguir.

«MONTA TU CAMPAMENTO BASE SEGURO DÍA A DÍA, TUS EQUIPOS, TU GENTE, Y DISFRUTA DE LA ASCENSIÓN».

57. EQUIPO, TALENTO Y LIDERAZGO EN EL BAR COYOTE

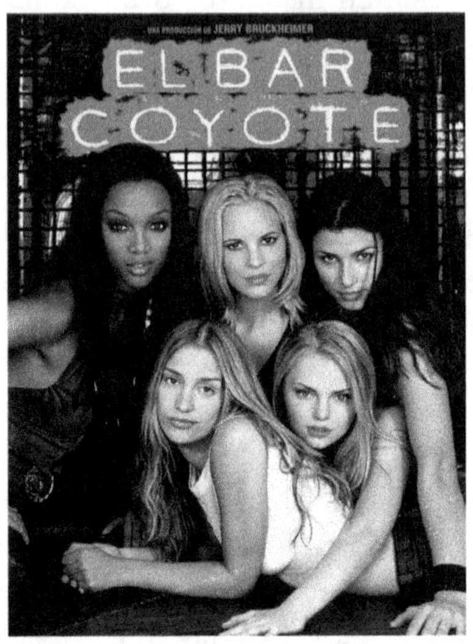

Cuando recientemente volví a ver la película *El bar Coyote* pude comprobar cómo esas chicas funcionaban en el bar como un equipo perfectamente coordinado, apoyándose constantemente unas a otras y donde cada una sabía lo que tenía que hacer, motivadas y dirigidas por una líder-*coach*, exigente y a la vez comprensiva, que gestionaba las fortalezas, no penalizaba el error y estaba pendiente de cada detalle (recordad, el diablo está en los detalles). Por supuesto, irrumpía el talento en bruto de la protagonista.

Talento que el líder reconoce desde el primer momento y al que el líder da oportunidades, pues es un talento diferente al resto del grupo, haciéndose un hueco en el equipo. Porque el talento no hay quien lo pare sea en la modalidad que sea.

Pero, ojo, debemos tener en cuenta que siempre pueden aparecer —como ocurre en la película— momentos duros, circunstancias adversas que te hacen pensar en dejarlo todo, en abandonar. Por eso no todo está dentro de nosotros, sino también en lo que nos rodea, en nuestros apoyos: amigos, familia, personas sinceras a nuestro lado que nos quieren de verdad, que nos ayudan a pasar esos momentos difíciles y con los que también, por supuesto, compartimos nuestros éxitos.

«LA «VISIÓN COACH» QUE AHORA TENGO ME HACE REPARAR EN COSAS QUE ANTES NO VEÍA Y PARA MÍ HA SIDO COMO DESCUBRIR OTRA DIMENSIÓN, AUNQUE SIEMPRE HA ESTADO AHÍ».

58. LA IMPORTANCIA DEL EFECTO COLATERAL

Todo aquello que hagas, ten en cuenta que se lo haces a tu entorno; no estás solo, hay personas a tu alrededor que te observan, que te siguen, aunque muchas veces no seas consciente de ello y sobre las cuales tus acciones van a tener una repercusión.

Yo a esto le llamo el «efecto colateral», porque por muy focalizada y directa que sea tu acción en pro de un objetivo concreto, esta afectará y tendrá un efecto indirecto en los demás, para lo bueno y para lo malo.

Por ejemplo, me puse a preparar un examen con mi hijo. Repasamos toda la teoría, estudiamos y entendimos los conceptos principales y luego pasamos a la práctica y a aplicar esos conceptos. En ese momento estábamos consiguiendo un impacto directo sobre la materia de estudio, pero al mismo tiempo, y de manera indirecta, mi hijo estaba asimilando una metodología de estudio aplicable al resto de asignaturas.

Sucede lo mismo en los demás aspectos de la vida: cuando acometes o emprendes un proyecto o tienes una actuación sobre algo concreto, todo ello tiene un efecto directo sobre clientes, empleados, este amigo, aquel familiar… y, al mismo tiempo, esa acción, esa decisión, tiene un efecto colateral sobre los demás que puede servir de estímulo o detonante para que ellos pongan en marcha sus proyectos o tomen sus decisiones.

No olvidemos, por tanto, que aquello que acometes, que inicias, que decides, aparte de la finalidad que persigue en sí, puede tener un efecto motivante y estimulador en tu entorno que haga que otros pasen a la acción, pongan en marcha sus proyectos y cambien actitudes, todo lo cual a su vez influye en otros y así sucesivamente.

«ESA DECISIÓN QUE HAS TOMADO, ESE PROYECTO QUE HAS PUESTO EN MARCHA, PUEDE TENER UNA INFLUENCIA ILIMITADA EN LOS DEMÁS».

59. LA UNIVERSIDAD ES UN ROMPEHIELOS, LUEGO LOS OSOS HAY QUE SALIR A CAZARLOS

En mi época universitaria no hicimos ni una sola práctica y me imagino que algo parecido os habrá pasado a muchos de vosotros. ¡La odisea que es poner en práctica toda la teoría aprendida cuando te incorporas sin experiencia a un puesto de trabajo! Sirva como anécdota la de aquel compañero que terminó la carrera de empresariales y lo contrataron en el departamento de contabilidad de una empresa. Se sentó en su sitio y lo primero que dijo fue: «¿dónde está el supuesto contable?» Cuando le explicaron en qué consistía el trabajo, no volvió más.

Pues sí, hasta ese punto llega el grado de desconexión entre la teoría y la práctica.

Se pasa bastante mal: la información está desestructurada, con múltiples fuentes y formatos y tú tienes que darle forma y sentido, pero sin ninguna experiencia.

Espero que los planes de estudios cambien cada vez más y estrechen el abismo que separa la realidad de la teoría, porque conozco personas muy capacitadas que ese primer contacto no han podido superarlo; vaya, que los osos les han devorado nada más pisar el hielo.

«SIRVAN ESTAS LÍNEAS PARA HACER UN LLAMAMIENTO A LA IMPLANTACIÓN DE PRÁCTICAS SERIAS Y CON SEGUIMIENTO, MENTORIZADAS SI ES NECESARIO, PARA QUE HAYA UN APROVECHAMIENTO REAL Y QUE SE DEJE DE VER A LOS BECARIOS SOLO COMO UNA FUENTE BARATA DE TRABAJO».

60. NO PIERDAS DE VISTA TU SEGUNDA CARRERA

Con un sistema educativo que penaliza el error y cercena la creatividad y la pasión, es difícil encaminar tus pasos hacia una actividad profesional que ponga en valor tu talento. Y cuando la decisión la tienes que tomar a los dieciocho años, es complicado. A todos nos ha pasado. Por eso quizás la primera carrera, tus estudios no reflejen tu verdadero talento porque decidiste tu profesión, como dice Álvaro González Alorda, «cuando todavía no sabías distinguir entre los fuegos artificiales de tu pueblo y una bala silbándote los oídos».

Por eso, no pierdas de vista esa segunda carrera o profesión, porque a medida que transcurra el tiempo tendrás más elementos de juicio para saber qué es lo que te gusta, qué es lo que te define. Y, por favor, si lo identificas, sea a la edad que sea, hazlo, porque encontrarás tu lugar en el mundo y serás más feliz.

«UNA SEGUNDA CARRERA O PROFESIÓN ES UNA SEGUNDA OPORTUNIDAD EN LA VIDA, NO LA DESAPROVECHES».

61. EL PROBLEMA NO ESTÁ EN ACERTAR O FALLAR SINO EN APUNTAR

«El problema no está en apuntar alto y fallar sino en apuntar bajo y acertar».

MIGUEL ANGEL BUONARROTTI

Busca siempre lo que te mereces, eso que sientes dentro de ti, que te constituye y por lo que has luchado siempre.

Cuando terminamos los estudios primarios, hace ya unos cuantos años, muchos de mis amigos se pusieron inmediatamente a trabajar. Manejaban dinero para ir a conciertos, viajes... Yo seguí estudiando y cuando nos juntábamos me costaba seguir su ritmo; siempre fueron generosos porque fueron y son grandes personas, pero te sentías inferior en ese aspecto y la tentación estaba cerca.

No te dejes seducir por signos externos materiales aunque los desees mucho: salarios, coche, dinero en el bolsillo, o también seguridad. Ten paciencia, la vida es larga y tu oportunidad llegará, pues a veces, si tomas un determinado camino, puede que su retorno sea complicado (aunque nunca imposible) y te marque toda la vida; lo que crees que hoy es un acierto puede ser un fallo mañana y al revés.

Créeme, hay muchas personas que se han dejado la piel en su formación y que han sucumbido a la primera de cambio a esos signos y hoy su ocupación dista mucho de ser aquello a lo que aspiraban y de la capacidad que tenían. Y esto a la larga se transforma en un sentimiento de frustración continuo que se manifiesta en todos los entornos en los que se mueven. Pero, aun siendo así, nunca es tarde para cambiar el rumbo.

Recién terminada la carrera mi gran ilusión era ser director financiero, así que empecé a enviar curriculums para puestos de esta naturaleza. Evidentemente recibí continuos rechazos por no tener experiencia, pero en mi mente siempre estaba presente ese puesto. Conseguí un trabajo de auditor interno y a los dos años un puesto de director administrativo en otra empresa. Al final terminé siendo el director financiero.

Falla, falla, inténtalo una y otra vez si es necesario, persevera por aquello en lo que crees y te apasiona; al final terminarás consiguiéndolo y te sentirás pleno.

«SE YERRA EL 100% DE LOS DISPAROS QUE NO SE REALIZAN».

62. APLICA EL PRINCI-PIO DE PARETO

En lugar de trabajar duro, hazlo con inteligencia. Aplica a tu vida y a tu trabajo la regla del 80/20, según la cual el 80% de nuestros resultados proviene del 20% de nuestros esfuerzos. La clave está en identificar el 80% ineficaz y centrarnos en el 20% productivo con lo que todo serán ventajas: ahorro de tiempo, energía... Para ello tenemos que dar un sentido práctico a nuestras acciones.

Por ejemplo, en las empresas, se ve claramente que con el 20% de los clientes se resuelve el 80% del saldo pendiente de la deuda.

Pues así es todo, pero tienes que tenerlo muy presente. Saber, aunque a veces no te des cuenta, de que si haces ciertas tareas o funciones no puedes realizar otras, bien por la limitación del tiempo, bien por la energía que consumes. En *coaching* preferimos empezar a trabajar las fortalezas y no tanto las áreas de mejora para que el desarrollo de las primeras mitigue los efectos de las segundas.

Aplicar aquí lo de «zapatero a tus zapatos» es importante, siempre que te lo puedas permitir y estés convencido de ello. Me explico: si una pareja trabaja duramente toda la semana, ¿qué sentido tiene que ambos miembros se dediquen el fin de semana a limpiar la casa? Si alguien no es bueno con los números y aún menos con la fiscalidad ¿qué sentido tiene pasarlas canutas haciendo la declaración de la renta? Si sistemáticamente quedas con unos amigos y cada vez que terminas la reunión siempre te dices lo mismo, «creo que ha sido una pérdida de tiempo», ¿qué sentido tiene seguir quedando?... Si crees que algún procedimiento en tu empresa no aporta valor añadido, cámbialo o propón su cambio; al final todo es tiempo y energía que está dentro del 80% improductivo que no genera resultados.

Por favor, haz un recorrido por tus acciones y tareas diarias, analiza el tiempo invertido y el valor que te aportan y plantéate qué es y qué no es productivo para ti. Una vez hecho este esfuerzo trata de simplificar, te sentirás mejor.

Esto no es ni mucho menos una visión egoísta, sino una visión sincera contigo mismo y con los demás.

«NO ENCUENTRES NUNCA UNA JUSTIFICACIÓN PARA DEJAR DE DAR LO MEJOR DE TI MISMO».

63. MENOS ES MÁS

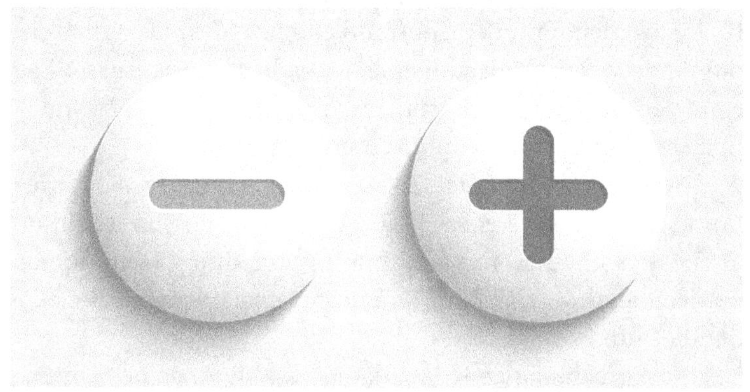

No sé cuál es tu opinión, pero yo creo en el «menos es más». Con ello nos viene a la mente el término «minimalismo», y sí, podríamos denominarlo así. Pero en este caso no me quiero referir a un término arquitectónico o decorativo, sino a minimalismo en la conducta.

Actualmente estamos inundados de productos y servicios, en definitiva, de alternativas, y es verdad que si partimos de una situación pobre (y no me refiero a un sentido económico), un aumento de alternativas incrementa la felicidad. Pero a partir de cierto umbral, esto no solo no añade nada, sino que incluso resta y produce efectos nocivos.

A todos nos ha pasado, por ejemplo, con la variedad de canales de televisión; al final no sabes cuál elegir y terminas apagando la tele.

Por ejemplo, está demostrado que si haces una degustación de un producto con muchas variedades del mismo, se acercará mucha gente a probarlo pero pocos comprarán. En cambio, si la demostración la haces con pocas variedades se acercarán menos personas pero comprarán más.

También quiero referirme a situaciones en las que nos excedemos con detalles o conductas innecesarias, que no solo no mejoran lo que teníamos, sino que lo empeoran.

Cuantas veces habéis sido testigos de conversaciones a las que yo denomino «ha entrado en bucle», en las que se repiten una y otra vez las mismas cosas hasta eternizarse. Ese conocido intentará no encontrarse contigo y tú te preguntarás: ¿por qué es tan estúpido conmigo fulanito?

Todo ello resta felicidad. ¿Por qué empezamos a darles tantas vueltas a las cosas? ¿Por qué buscamos un sinfín de alternativas que no nos llevan a ningún sitio y terminamos no decidiendo nada? ¿Por qué nos excedemos en acciones y detalles innecesarios?

Todos sabemos que la palabra *kiss* significa beso en inglés, pero, como acrónimo (KISS), significará *«keep it simple stupid»*. Realmente una de las claves en la vida es simplificar, conseguir más con menos.

Sucede lo mismo a nivel empresa: la clave de la efectividad está en la concreción y en la simplificación de procedimientos, informes, toma de decisiones...

Es también conocida la anécdota de Steve Jobs, cuando IBM le presentó un contrato de cien páginas y lo tiró a la papelera diciendo que él no firmaba contratos de más de tres o cuatro páginas.

Creo que debemos simplificar nuestro pensamiento, nuestras acciones, nuestras alternativas, y seguro que así seremos más felices y más efectivos.

«UN ANTIGUO CEO, CADA VEZ QUE PEDÍA UN INFORME TERMINABA CON LAS MISMAS PALABRAS... 'Y YA SABÉIS, HACEDLO DE FORMA QUE MI MADRE LO ENTIENDA'».

64. EL EFECTO PIGMALIÓN O LA PROFECÍA AUTOCUMPLIDA EN LOS MERCADOS DE VALORES

El origen del «efecto pigmalión» se encuentra en un personaje mitológico de la antigua Grecia de nombre Pigmalión que esculpió a la mujer ideal y se enamoró de ella (Galatea). La diosa Afrodita se conmovió y concedió vida a la escultura, cumpliéndose con ello el deseo de Pigmalión, que había construido su propia realidad.

Pues en los mercados de valores sucede algo parecido, como dijo Benjamín Graham, inversionista y profesor inglés: el mercado es un péndulo que siempre gira entre el optimismo insostenible, que convierte los valores en muy caros, y el pesimismo injustificado, que provoca que los valores estén muy baratos.

También hay una frase básica en Bolsa que es: «Se compra con el rumor y se vende con la noticia».

Parecería normal que el inversor se moviera con las archiconocidas expectativas racionales, que no es otra cosa que aplicar la razón a la información disponible y hacer predicciones de las principales magnitudes económicas en base a esa interpretación racional. Pero en muchas ocasiones esto no es así; la necesidad de anticiparse introduciendo dosis de riesgo insospechadas para llevarse la mayor tajada pensando que si actuamos racionalmente todo el mundo hará lo mismo y los beneficios serán mínimos, nos lleva a aplicar otro principio que es el de las expectativas emocionales.

Cuando diversos agentes del mercado, empresas de *rating*, prensa especializada, especialistas independientes, lanzan una información, con mayor o menor base argumental, sobre un valor o hecho, se está creando el rumor. Como he dicho antes, este es interpretado emocionalmente por buena parte de los inversores y su sentido de la anticipación les llevará a comprar o venderlo. Esta dinámica al final lo que consigue es que lo que se vaticina, lo que se crea en forma de rumor, termine convirtiéndose en noticia (la acción baja o sube según se había pronosticado), porque somos nosotros mismos con nuestra actuación quienes lo convertimos en realidad. De ahí lo del efecto Pigmalión o profecía autocumplida.

«EL MERCADO PUEDE MANTERNERSE IRRACIONAL MÁS TIEMPO DE LO QUE UNO PUEDE MANTENERSE SOLVENTE».
J.M. KEYNES

65. LA VIDA ES UN CARRUAJE DE EMOCIONES

En la primera clase del Máster en *Coaching* e Inteligencia Emocional, magníficamente impartido por la empresa N-Acción[3] para la UAH, nos preguntaron si nos sabíamos las capitales de los principales países de Europa. Todos respondimos con un sí aplastante. A continuación nos preguntaron si sabíamos cuáles eran las emociones básicas y todos fuimos diciendo alguna pero de manera tímida. Nos comentaron entonces que las emociones se deberían estudiar desde primaria como las capitales, y eso es muy cierto: las emociones nos acompañan cada día, y ni siquiera sabemos nombrarlas, menos aún identificarlas y, de ahí a gestionarlas, queda un abismo.

---

3   Gracias N-Acción (Elena Fernández y Manuel Férreo) por ese magnífico master en *coaching*.

No pretendo aquí hablar de las emociones en profundidad pero sí dar una mínima pincelada que pueda generar sensibilización y conciencia con este tema, si no la tenéis ya.

Las emociones juegan un papel trascendental en nuestra vida, son fuerzas movilizadoras que dan significado a las situaciones cotidianas. Constituyen una fuente de energía y están orientadas al logro, actúan como impulsores para la acción, pues en toda emoción hay implícita una tendencia a actuar. También son una parte esencial de la convivencia.

Se generan a partir de las interpretaciones que hacemos de los hechos; lo que pensamos sobre lo que nos ocurre determina aquello que sentimos.

Las emociones desempeñan diferentes funciones:

- *Adaptativas*: nos ayudan a afrontar lo que ocurre, a adaptarnos a las circunstancias
- *Sociales*: nos permiten cubrir la necesidad de socialización de la especie humana
- *Motivacionales*: cualquier actividad se realiza en una dirección y con una intensidad, lo cual viene determinado por las emociones

Mi propósito al cursar ese máster fue dar forma a las inquietudes que sentía por aportar a los demás y descubrir la mejor versión de mí mismo incorporando dosis de emocionalidad al mundo del que provengo, el campo financiero, en el que predomina lo racional. Sentía la necesidad de poner en valor mi experiencia ayudando a los demás y quería hacerlo de manera ordenada, teniendo una base conceptual afianzada y dominando una metodología contrastada que me diera seguridad y confianza para acometer ese reto a través de la práctica del *coaching*.

En esas primeras clases me costaba identificar las emociones, incluso aprenderme las básicas. Le dije a mi profesora Elena: «por favor dame una regla nemotécnica para aprendérmelas». Y me la dio: M.E.T.A.S.A. (Miedo, Enfado,

Tristeza, Asco, Sorpresa y Alegría), aunque luego hay combinaciones de ellas, primarias y secundarias, sentimientos...

Lo importante es saber reconocerlas cuando las sientes y cuando las sienten los demás, aceptarlas y gestionarlas adecuadamente. En esto consiste la inteligencia emocional.

Tenemos que hacer un esfuerzo por tener siempre presente nuestro lado emocional, que nos dará equilibrio, amplitud de miras, alternativas. No tanto corsé racional, por favor. He querido representarlos a través del carruaje, porque cuando me lo explicaron así, fue más sencillo.

«A menudo los caballos están medio muertos de hambre (reprimidos) o desbocados; el cochero no los gobierna y acaba reaccionando a ellos; el carruaje paga las consecuencias de un viaje tan incómodo y se daña, mientras el propietario se frustra al no ser escuchado y uno no logra encontrarle el verdadero sentido a la vida. Es entonces imprescindible nutrir a los caballos liberando nuestro potencial emocional. Una vez reconocida esta fuerza es el momento de saber qué hacer con ella entrenando al cochero, con el fin de limpiar los filtros con los que ve la realidad (la carretera) y ofrecerle una amplia gama de opciones en la guía del vehículo».

«CUANDO POR FIN EL VIAJE SE HACE MÁS CONFORTABLE Y ARMÓNICO PARA TODOS, EL COCHERO SE SORPRENDERÁ AL ESCUCHAR LA VOZ DEL PROPIETARIO DEL CARRUAJE ¡CON MUCHA MÁS FRECUENCIA!»
SILVIA NASKA, SIGUIENDO LA METÁFORA DE PLATÓN

66. ROMPE TU PROPIA BUROCRACIA

A veces en las empresas elaboramos procedimientos y normas para actuaciones esporádicas que difícilmente se van a repetir. Son reacciones desmedidas y ello acaba convirtiéndose en un sinfín de procedimientos, que crean poco a poco lo que denominamos «burocracia».

Sucede lo mismo en la vida personal. Evitarlo –al menos así lo veo yo– consiste en aceptar, sin más, situaciones y actitudes de otros y de nosotros mismos, que son esporádicas, aisladas, que se producen en circunstancias y en un entorno determinados, que difícilmente se volverán a repetir, y creedme, conozco personas que tienen establecido un patrón de comportamiento fijo pase lo que pase. Por ejemplo, ves a alguien que conoces. Pasa por delante de ti y dices: «uhmmm, no me ha hablado. ¡Pues que se prepare!» Es posible que no te haya visto. Por favor, espera y no apliques esa rígida norma.

¿Quién no ha tenido un mal día? ¿Quién no ha tomado una decisión equivocada en un momento determinado? Esto no debe condicionar nuestros actos futuros. Debemos aceptarlo y no debemos establecer una norma de comportamiento para cada una de estas situaciones, ya que ello nos llevará a generar una burocracia personal, a crear una armadura tan pesada que no nos dejará movernos.

No al rencor, al orgullo, a la rigidez... Sí a las segundas oportunidades, a la comprensión, a la flexibilidad...

«SI ERES FLEXIBLE, TE MANTENDRÁS RECTO».
LAO TSÉ

67. LA VACA LECHERA O «CASH COW»

Identificar la vaca lechera de tu negocio, es decir, aquella actividad que genera beneficios y caja de forma recurrente, que está en máximo grado de desarrollo y que mantiene una buena cuota de mercado, es muy importante, porque a esa vaca hay que mimarla, alimentarla bien y ordeñarla adecuadamente de manera rentable.

Si, por el contrario no la valoras lo suficiente porque es longeva y pretendes que nutra de leche a toda la organización, entonces terminará por extenuarse y desfallecerá por agotamiento.

Mi recomendación es:

1. Ten un buen sistema de gestión que te permita distinguir el beneficio por actividad, sin hacerte trampas en el solitario, es decir, con una correcta y objetiva imputación de gastos e ingresos, y disciplina y cultura en la organización para mantenerlo

2. No mezcles nunca actividades de manera que el déficit de unas se compense con el superávit de otras
3. Identifica las actividades deficitarias y toma una decisión sobre ellas cuanto antes
4. Cuantifica la venta cruzada que aportan unas actividades a otras. Este dato te puede sorprender y además es clave a la hora de tomar decisiones, ya que puede que una actividad no sea rentable en sí misma pero sí puesta en valor con las demás por el negocio que es capaz de captar para otras
5. Normalmente la vaca lechera con la caja que genera aporta leche para nuevas inversiones. Pero ¡cuidado! Traza una línea temporal a partir de la cual la inversión se convierte en gasto. Me explico. Si haces una apuesta por una actividad nueva, un nuevo proyecto, fíjate un plazo temporal para el retorno de esa inversión. Como estás aprendiendo, puedes alargarlo un poco más de lo habitual, pero que sepas que a partir de ese momento, lo que hayas considerado inversión se transformará en gasto porque habrás rebasado el límite temporal, y la leche es limitada. Si la aplicas aquí, no la aplicas allá; es hora de tomar decisiones

Sucede lo mismo en la vida: si ves que alguien se entrega incondicionalmente, es genial tenerlo a tu lado pues te potenciará. Pero no te aproveches de su generosidad y le pidas más y más. No mantengas una actitud cómoda y pasiva porque todo tiene un límite y puedes agotar esa fuente de energía.

«DEBES MANTENER UN EQUILIBRIO, APORTAR TÚ TAMBIÉN PORQUE SI NO, UN DÍA LA LECHE SE ACABARÁ».

68. NI BLANCO NI NEGRO... GRIS

Trasladando mi propia experiencia, creo que los puntos de vista sobre las cosas en la vida sufren una evolución. Por ejemplo, cuando eres adolescente ves las cosas de manera más radical, digamos blanco o negro, pero en la madurez, la paleta de colores se va difuminando y adquiere tonalidades grises.

En mi opinión la dicotomía te cierra puertas, reduce tu capacidad de razonar y de argumentar, e incluso de cambiar de opinión y, sobre todo, limita tu capacidad de solucionar problemas de forma creativa.

Quizás las tonalidades grises sea más complicado aplicarlas a valores como, por ejemplo, la honestidad: o eres honesto o no lo eres. Pero todo tiene extremos y puntos de vista. ¿Intachablemente honesto? ¿Ser honesto es una percepción tuya de ti mismo y por tanto relativa? ¿Quién te cuelga la etiqueta de honesto? ¿Honesto contigo mismo o con los demás?

Por otro lado, ¿es que en la vida siempre es todo o nada, éxito o fracaso? ¿No damos cabida a que el error pueda ser corregido? ¿Es que solo existe la visión del detalle y no del conjunto? Si concebimos el mundo así peligrará nuestra autoestima, y creo que será difícil ser felices.

No quiero relacionar la tonalidad gris con la mediocridad, ni mucho menos, sino con la capacidad de adaptación, con la empatía, con la flexibilidad, con la comprensión. Es cierto que a veces para cortar determinadas situaciones no tienes más remedio que ser radical y postularte así, pero eso no debería ser lo normal.

Pensar que existen solo dos colores es como aceptar que ante cualquier situación solo existen dos caminos opuestos entre sí que de ninguna manera pueden coincidir.

«ELEGIR SIGNIFICA RENUNCIAR, Y YO NO ESTOY DISPUESTO A ELLO. ASÍ PUES, POR EL MOMENTO ME QUEDO CON EL GRIS».

69. EL ÉXITO ES 10% INSPIRACIÓN Y 90% TRANSPIRACIÓN

Si quieres lograr tus objetivos tendrás que trabajar duro, y, efectivamente, esto es así en la vida.

Hemos escuchado muchas veces aquello de «la vida no te regala nada, te lo tienes que ganar tú».

He conocido personas muy inteligentes, tanto en mi época de estudiante como en mi vida profesional. Pero la inteligencia pura no es suficiente; no se puede sobrevivir a golpe de destello sin trabajarlo después. Hay que sudar, transpirar. Por tanto la inteligencia no trabajada no es garantía de éxito.

No trato aquí de no valorar la capacidad creativa, la inspiración, la inteligencia, ni mucho menos, pero todo esto hay que acompañarlo de trabajo y de humildad por seguir aprendiendo y por compartir.

Todos aquellos que tenéis una inteligencia creadora y que no estudiáis hasta un día antes del examen, como aprobáis creéis que ese sistema os servirá. Pero seguramente os llegará el momento en que esa forma de proceder no será suficiente para conseguir vuestros objetivos y entonces cambiar esos hábitos será más complicado. Empezad cuanto antes.

Para aquellos que estáis en empresa, no os confiéis, no creáis que una idea brillante es suficiente para conseguir resultados: haced el seguimiento oportuno y trabajadla hasta ponerla en práctica.

Si se combina la inteligencia con la capacidad de trabajo, los resultados son extraordinarios. Si, por el contrario, os acomodáis, seréis ampliamente superados por trabajadores abnegados que teniendo menos inteligencia habrán trabajado más.

«NO FRACASÉ, SOLO DESCUBRÍ 999 MANERAS DE CÓMO NO
HACER UNA BOMBILLA».
THOMAS A. EDISON

70. ¿PROACTIVO O REACTIVO?

Podríamos decir que en el mundo hay dos tipos de personas: los proactivos, que con iniciativa crean sus circunstancias, y los reactivos que actúan de manera contemplativa y se convierten en sujetos pasivos de las circunstancias que otros crean.

En este tema vuelve a jugar un papel determinante el lenguaje, que como sabéis, es acción. Así, una persona reactiva dirá: «lo intentaré», «no puedo hacer nada», «yo soy así», «debo», «mañana», y una proactiva dirá: «lo haré», «consideremos alternativas», «puedo mejorar», «prefiero». «¿y hoy?»

Son diferentes actitudes ante la vida, que unos viven más contemplativa o pasivamente y otros de forma más creativa o proactiva.

Yo me defino como proactivo, y en mi vida siempre he intentado no ser consecuencia de las circunstancias, sino más al contrario, influir yo en ellas. Siempre ha sido algo que he tenido muy presente. Cuando he visto posarse la niebla, esa que poco a poco te envuelve y no te deja ver, he puesto los antiniebla inmediatamente, me he adentrado en la bruma y mi determinación ha hecho que la niebla se disipara cuanto antes.

Esto sucede también en la empresa: aquellas decisiones que no tomes tú y que tome el mercado por ti, harán que estés a merced de la competencia.

Estoy convencido de que si no eres tú, nadie lo hará por ti. Rompe los hilos que te atan a las circunstancias como una marioneta y cobra vida.

«POR FAVOR, LEVÁNTATE DEL SOFÁ DEL TEDIO, CAMBIA TU BANDA SONORA Y SÉ TU CAPITÁN INTRÉPIDO».

71. EL HÁBITO «GANAR-GANAR»

El hábito «ganar-ganar» es una forma de entender la vida en las interrelaciones humanas que significa que siempre que te relaciones con los demás, sea a nivel personal o profesional, estás pensando en buscar acuerdos o soluciones mutuamente satisfactorias, con las que todas las partes se sientan bien y todos salgan ganando.

Podéis pensar que a nivel empresarial y profesional es difícil de conseguir porque queréis los mejores acuerdos y resultados para vuestro negocio y para vuestra empresa. Pero en realidad no es así.

Cuando yo empecé a trabajar, imperaba en mí un hábito distinto, quizás el «gano-pierdes», basado en un enfoque autoritario y en el que subyacía el lema: «si yo consigo lo que quiero, tú no consigues lo que quieres». Pero aplicando este hábito, creedme, no se consiguen tantos resultados, al menos a largo plazo.

En todas las negociaciones con clientes y proveedores, con tu equipo, con órganos sociales, con otros colectivos, evidentemente tú tienes un objetivo y un suelo de negociación a partir del cual puedes perjudicar tus intereses y los de tu empresa. Pero el margen de negociación con el que cuentas debes gestionarlo con mentalidad constructiva, ya que si aplicas el hábito «gano-pierdes», perfecto, hoy habrás hecho una gran negociación, te habrás llevado el gato al agua y habrás conseguido la mejor parte, pero puede que para ello hayas empleado un estilo autoritario, poco colaborativo e incluso, si rascas un poco en tu interior, es posible que no te sientas personalmente tan satisfecho. Pero ¡cuidado! Te estarán esperando y, en la próxima (si la hay), te lo pondrán más difícil e incluso te recordarán que si tú ganaste en aquella ocasión ahora les toca ganar a ellos.

He conocido líderes que han promovido en exceso la competencia entre miembros de su equipo pensando que así conseguirían el máximo rendimiento, pero en realidad lo que consiguieron fue un enfrentamiento constante, una rivalidad, un egoísmo que hizo muy difícil la colaboración y el trabajo en equipo, con lo que los resultados globales evidentemente se resintieron.

En el plano personal sucede lo mismo: la interacción con los demás desde una perspectiva «gano-pierdes» es nefasta pues se nota muchísimo que antepones lo tuyo a lo de los demás. Te «calarán» rápido y no querrán hacer negocios, tratos, acuerdos, contigo, porque vas a lo tuyo, porque siempre estás pensando en que tienes que salir ganando algo, por ridículo que sea y eso te pierde.

Creo que la clave de todo ello está en los términos competitividad y cooperación. La *competitividad* está enfocada en la consecución de los fines personales sin atender al efecto que ello produce a las otras partes que intervienen; es un enfoque individualista, mientras que la *cooperación* persigue resultados satisfactorios para ambas partes; tiene pues un sentido colectivista.

Siempre he dicho que los extremos no son buenos, que con ello pierdes oportunidades y alternativas. Por tanto, por qué no hacer un *mix* de ambos conceptos y, partiendo del postulado de John Nash con el que argumentaba que Adam Smith se equivocaba, lo ideal será combinar ambos factores y perseguir lo mejor para uno mismo y al mismo tiempo para el grupo. Hay quien a esto lo llama «coopetitividad».

«QUIZÁS ESTA SEA UNA DE LAS CLAVES DE TU PAZ INTERIOR, DE SENTIRTE REALIZADO Y SATISFECHO CONTIGO MISMO Y CON LOS DEMÁS, QUIZÁS UNA DE LAS CLAVES DE LA FELICIDAD».

72. NO CONFUNDAMOS LO GORDO CON LO HINCHADO

En la vida observamos las situaciones o escuchamos las comunicaciones según nuestra percepción, nuestro mapa mental, nuestras creencias, y obtenemos conclusiones como resultado de esa interpretación que nos ponen en acción influyendo de manera decisiva en la comunicación y en la relación con los demás.

Pero a veces esas situaciones y comunicaciones que observamos y escuchamos no nos lo ponen fácil a la hora de obtener esas conclusiones, pues pueden haber distorsionado la realidad y llevarnos a actuar de una manera que nada tiene que ver con los hechos objetivos. En este caso nos estaremos subiendo a nuestra *escalera de inferencias*, que no es otra cosa que nuestro proceso de pensamiento sistemático construido en base a nuestra particular interpretación de la realidad.

Escalera de inferencias.

Pongo un ejemplo de Claudio Fabian Guevara:

Con todo el equipo reunido, Luis preside una reunión muy importante para la empresa que dirige. Carmen, una de las empleadas, llega treinta minutos tarde y no dice por qué. Para Luis llegar tarde es un comportamiento reprobable, y de inmediato asume que para Carmen la reunión no es importante. Piensa que ella no será un buen miembro del equipo de trabajo, ya que en su opinión, los buenos miembros respetan las normas y llegan a tiempo a las reuniones, y así decide que no le dará ninguna responsabilidad en asuntos importantes.

Todo esto sucede en la cabeza de Luis en cuestión de segundos, desde su escalera.

Quizás Carmen haya avisado previamente a su jefe de su retraso y al entrar en la reunión no quiso interrumpirlo, quién sabe. Por eso no debemos precipitarnos, debemos ser pacientes, preguntar, contrastar, no debemos dejarnos llevar por las apariencias, no debemos confundir lo gordo con lo hinchado.

Es necesario bajar por la escalera y estar cada vez más cerca el suelo. Pero ¿cómo?

En realidad esto nos ha pasado a todos en multitud de ocasiones: prejuzgamos, interpretamos y luego las cosas no son así. Cuando sucede esto, a veces no le damos importancia, unas veces porque solo ha sido un pensamiento, otras porque la acción que hemos tomado en base a dicha interpretación no ha sido importante y solo nos ha afectado de manera leve. En otras ocasiones sí que hemos metido la pata de manera grave afectando a otros y a nosotros mismos. Pues bien, empezando por lo sencillo, por el pensamiento, debemos pararnos y reflexionar sobre en qué nos hemos equivocado y si es necesario preguntar. Lo importante es saber qué diferencia hay entre nuestras interpretaciones y los hechos, cuál ha sido la creencia que nos ha llevado hasta ahí. ¿Podemos cambiarla por otra que encaje mejor? Con este proceso deberíamos llegar a un punto en el que la forma de interpretar y escuchar se ajustara más a la realidad.

Si quieres probar el efecto de la escalera de inferencias te propongo un ejercicio:

En familia o con amigos y compañeros, que todos menos uno salgan de la habitación. A esa persona que queda le cuentas una historia. Después haces entrar a una segunda persona, a la que el primero le tiene que contar la historia. A continuación das entrada a una tercera persona a la que el segundo debe contarle la historia y así sucesivamente. Al final el relato que le llega al último está bastante distorsionado, porque cada uno ha ido añadiendo sus creencias, sus interpretaciones.

Te dejo el enlace de un vídeo que es interesante y divertido para comprobar situaciones curiosas en las que entra en juego la escalera de inferencias.

Puedes descargártelo con ayuda de este bidi:

73. LA TEORÍA DE LA RELATIVIDAD COTIDIANA

La teoría de Einstein sobre la relatividad es fácil de demostrar en la vida diaria: todo es relativo y depende del punto de vista del observador. El factor clave es el sujeto que realiza la acción y su sistema de creencias, que es su sistema de referencia, y el factor tiempo.

En cuanto al tiempo, si lo estás pasando bien, el tiempo vuela. Si, por el contrario, estás en una situación incómoda, el tiempo pasa lentamente, y por lo tanto es relativo. Así de sencillo.

En cuanto a las afirmaciones y a sus argumentos, en cada afirmación existe una razón subjetiva e incluso puedes ver su contrario como algo relativamente comprensible.

Las opiniones y las interpretaciones de los hechos se hacen por personas y las personas son sujetos, no objetos. Por tanto toda opinión es subjetiva.

Quizás no exista nada equivocado, quizás la prueba de la equivocación sea la puesta en práctica de una idea y el análisis de sus resultados, pero aun así ese análisis vuelve a ser relativo y subjetivo.

Entonces ¿todo vale en el mundo? Bueno, quizás formularía la pregunta de otra forma: ¿hay cosas en el mundo sobre las que todos opinamos lo mismo? Yo diría que no, y partiendo de esta base podríamos llegar a que cada uno tiene su opinión y esta es perfectamente válida.

Con esta exposición de la teoría de la relatividad quiero poner de manifiesto que etiquetar a las personas, prejuzgar, inadmitir por anticipado, emitir juicios solo por razón de la fuente que los realiza, es un error; en cualquier momento tu mapa mental, tu sistema de referencia puede saltar por los aires en sentido positivo. La luz que no veías antes y la lámpara que la emite puede sorprenderte porque nunca pensaste que podría emitirla. Para todo ello tienes que estar abierto al diálogo, al aprendizaje venga de donde venga, a la crítica constructiva, al ejemplo.

«NO EXISTE NADA COMPLETAMENTE ERRADO EN EL MUNDO; HASTA UN RELOJ PARADO CONSIGUE ESTAR ACERTADO DOS VECES AL DÍA».
PAULO COELHO

74. LA EMPRESA ELEFANTE

Un antiguo compañero decidió cambiar de empresa y se fue a una mucho más grande. Le pregunté qué tal le iba y me comentó que en general bien, que tenía muchas ideas para poner en práctica y cosas que proponer cambiar en la nueva organización, aunque desde una posición de un nivel inferior a la que ocupaba en su antigua empresa, y me dijo:

«Las grandes organizaciones son como elefantes: si te pones enfrente de ellas te aplastan; es mejor susurrarles al oído».

En realidad el problema está en la actitud «elefantiásica» venga de la empresa por su magnitud o de la persona por la desmesura de sus decisiones; véase aquello de «entrar como un elefante en una cacharrería».

«EN MI VIDA PERSONAL Y PROFESIONAL TENGO SIEMPRE PRESENTE QUE ES PREFERIBLE GANARTE LA AUTORIDAD QUE TOMARLA; ES PREFERIBLE PROPONER QUE IMPONER, CREAR UNA CAUSA Y NO UN NEGOCIO, CREAR MÁS LÍDERES Y NO MÁS SEGUIDORES, CONVENCER QUE MANDAR».

75. ¿SUERTE O TRABAJO?

Antes de nada tengo que decirte que no creo en la suerte en el sentido de buscarla, pero sí creo en la suerte en el sentido de tenerla.

Me explico. No creo en la suerte como algo que se busca, como un fin en la vida, como la solución a todos tus problemas, y no lo creo porque todo eso no depende de ti, sino que depende del azar, de circunstancias que tú no dominas, de parámetros aleatorios que tú no controlas. Sin embargo, sí pienso que, aunque no sigas ningún proceso o patrón predeterminado, por el hecho de existir te pueden suceder cosas que influyen positivamente o negativamente en tu estado de bienestar y a esto le llamo «suerte».

Tampoco hay que confundir la *suerte* con el *riesgo*; la vulnerabilidad a la que te expones cuando tomas de decisiones es para mí el riesgo, pero aquí ya intervienes de manera activa con tus decisiones.

Alguien puede decir: «bueno, pero si lo trabajas un poco tienes más posibilidades». Sigo sin estar de acuerdo, porque lo que tú trabajes, lo que planifiques... a todo eso yo le llamo trabajo, no suerte.

Escuchamos muchas veces eso de: «todo se alía en contra mía, qué mala suerte tengo».

Cuando a mí me pasa algo así, acostumbrado a una gran responsabilidad profesional y personal, lo asumo de manera tranquila porque lo que me sucede fruto del azar no es responsabilidad mía, y lo acepto inmediatamente y me mentalizo.

No busquemos, apelando a la suerte, justificaciones a los resultados de nuestras conductas, de nuestras decisiones cuando las cosas no van bien, porque pocas veces he oído que el mérito sea consecuencia del factor suerte cuando las cosas han salido bien.

Te dejo que decidas por ti mismo: ¿suerte o trabajo?

«SOY UN GRAN CREYENTE EN LA SUERTE Y HE DESCUBIERTO QUE CUANTO MÁS DURO TRABAJO MÁS SUERTE TENGO».
STEPHEN LEACOCK

76. SI NO HACES SONAR TU PROPIO CUERNO, ALGUIEN LO USARA DE ESCUPIDERA

Si tú eres consciente de que has realizado un trabajo por encima de lo requerido y no recibes un reconocimiento justo, no te cortes en elogiarte a ti mismo, incluso delante de tu jefe. Es más importante de lo que parece ya que si no, cada logro que consigas, cada avance o mejora se considerará por los demás como algo normal (que también, porque ocupamos los diferentes puestos y trabajos para mejorarlos y aportar nuestro valor añadido). Si no andas avispado tu trabajo incluso se lo puede apropiar otro, así que mi consejo es que seas tú el primero en decirlo.

Esto no es un acto de arrogancia o prepotencia; no confundamos las cosas. Lo que te propongo es que con humildad y moderación, y buscando el momento oportuno de manera que no afectes a otros por agravio comparativo, elogies tu labor.

Cuando he oído en otras personas estos comentarios hacia sí mismos bien argumentados y expuestos oportunamente, lo que me han transmitido ha sido más bien admiración por tener la capacidad de autovalorar su trabajo, y siempre es acertado cuando lo que se dice está en consonancia con lo logrado. ¡Ojo! esto es importante.

Y cuando he sido yo el que lo he comentado sobre mí, me he sentido muy a gusto y satisfecho conmigo mismo.

«NO VIENE NADA MAL QUE TÚ MISMO TE HAGAS ECO DE TUS MEJORAS Y SE LO TRANSMITAS A LOS DEMÁS».

77. EL PRINCIPIO DE PETER Y LOS «PERSONIGRAMAS»

El principio de Peter dice: «En una jerarquía todo empleado tiende a ascender hasta su nivel de incompetencia».

Las empresas, en muchos casos establecen que este o aquel puesto lo debe ocupar esta persona porque le toca, por los años que lleva, porque ha hecho méritos en su nivel y le corresponde uno superior... Craso error si la empresa no analiza si ese perfil puede asumir las nuevas competencias y el empleado, estimulado por el reconocimiento, el prestigio, el poder, un sueldo mayor, no se atreve a rechazar el puesto, aunque sepa que ese nivel no es para él, no tiene el perfil adecuado y lo va a pasar mal, o también por la presión que supone quedar marcado por rechazarlo, aunque todo se puede exponer y argumentar perfectamente.

Este sistema, además, crea un efecto desmotivador en la organización, ya que por muchos méritos y logros que consigas no vas a obtener el ascenso porque no te toca. En las empresas, una nueva realidad del mercado implica una nueva realidad en la organización y para ello tenemos que diseñar un nuevo organigrama que se ajuste a la nueva situación. Pero ¡cuidado! No caigamos nuevamente en el error de que en vez de diseñar un organigrama, diseñemos un *personigrama*, adaptando la empresa a las personas y no al revés; los resultados puede ser desastrosos.

Recuerdo algunos casos en los que se aplicaba el principio de Peter:

Un conocido, con resultados excelentes como director de un departamento, fue promocionado a un puesto superior, llegando a su máximo nivel de incompetencia y al final se marchó de la empresa en la que estaba.

También recuerdo un magnífico jefe al que se le promocionó como director de zona. Cada vez que tenía reuniones de seguimiento se ponía rojo y sudaba, lo pasaba fatal. Al final volvió a su categoría anterior.

Un buen amigo (y este es el caso contrario), interventor de una sucursal bancaria, rechazó en más de una ocasión ser promocionado a director y continuó durante muchos años haciendo muy bien su trabajo como interventor.

En el seno de las organizaciones los departamentos de RR.HH y las prácticas de *coaching* pueden complementarse, los RR.HH. asesorando acerca de qué perfiles pueden ocupar cada puesto y preparándolos mediante un plan de carrera perfectamente organizado y planificado, y los procesos de *coaching* para que, una vez promocionados estos perfiles a niveles superiores, puedan desarrollar todas sus fortalezas y afrontar los nuevos retos y competencias desde la autoaceptación, el autoconocimiento y el aprendizaje, generando la actitud adecuada. Si además hacemos *mentoring*, el proceso queda redondo. Esto también es aplicable a las nuevas contrataciones y no solo a las promociones.

Todo lo anterior, en mi opinión es aplicable a la vida en general: valoremos nuestros esfuerzos y los logros dentro de un marco de responsabilidad y sepamos apreciar la escalabilidad y el recorrido que cada uno tenemos en el ejercicio de nuevas responsabilidades y competencias. Quizás habrá casos en que esto no esté tan claro ni para uno mismo, pero debemos esforzarnos por detectarlo, transmitirlo y saber decir no a tiempo, ya que si no es así podremos estar tomando las peores decisiones y después tendremos que pagar las consecuencias.

«NO TODOS VALEMOS PARA TODO Y RECONOCERLO EN PRIMERA INSTANCIA ES UN EJERCICIO DE HONESTIDAD CONTIGO MISMO Y CON LOS DEMÁS».

78. LA FÓRMULA PARA SER EMOCIONAL-MENTE RICO...

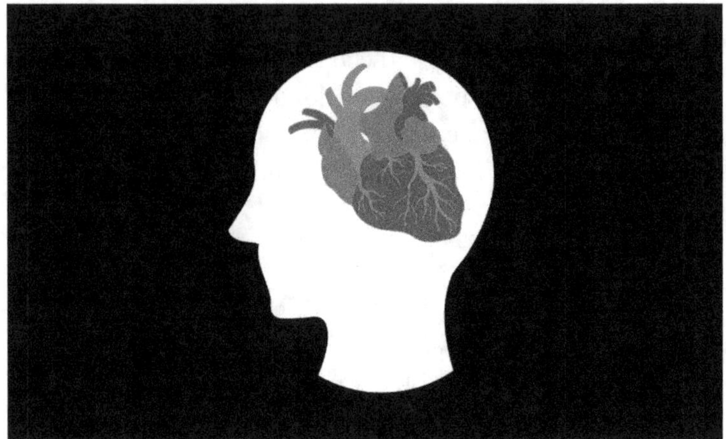

Cuando a una empresa se le inyectan fondos a través de una ampliación de capital fortalece sus recursos propios y, por tanto, su patrimonio, y ello le puede permitir llevar a cabo su plan de negocio.

A nivel personal, si ampliamos nuestro capital emocional, fortaleceremos nuestro patrimonio personal. Estos fondos emocionales son aportados por «inversores» externos; familiares, amigos, compañeros, conocidos, que atraídos por nuestro plan de negocio emocional basado en nuestra actitud, valores, generosidad, humildad, talento, lealtad, honestidad... depositan en nosotros sus recursos, dedicándonos tiempo, amistad, confianza, respeto, gratitud, comprensión..., y nosotros retribuimos sus dividendos en forma de empatía, escucha, *feedback*, aprecio, consejo...

«TODO ELLO ES UN CAPITAL NECESARIO PARA SEGUIR CRECIENDO EMOCIONALMENTE, AUMENTANDO LA COTIZACIÓN DE NUESTRA CARTERA DE 'VALORES' Y SIENDO CADA VEZ MÁS RICOS EMOCIONALMENTE».

79. EL ODIO ES UN VENENO QUE TE TOMAS TÚ Y ESPERAS QUE SE MUERA EL OTRO

Cuando esta frase se la comenté a una persona de mi confianza, se quedó parado y pensativo y me dijo: «Jooooo que verdad más absoluta, he hecho el tonto durante mucho tiempo», y a partir de aquí cambió su actitud hacia los demás pues se dio cuenta del tiempo perdido y del sufrimiento vivido.

Cuando suceda algo con otras personas hay que hablarlo, no debemos dejar pasar el tiempo sin resolverlo, ya que entonces se producirá aquí lo de: «Trágate sapos y vomitarás dragones» y además quizás el otro ni siquiera se sentirá dolido o afectado, ya que incluso es posible que no sea consciente de eso que hizo y te causó dolor .

En términos de inteligencia emocional es lo que se denomina la «cuenta corriente emocional»: cuando surge una emoción tienes que gestionarla, la emoción te pide una acción y, si no actúas, esa emoción te irá generando unos intereses. Cuánto más tiempo pase mayor será la carga hasta llegar a la quiebra emocional.

«POR FAVOR, NO DEJES PASAR NI UN SEGUNDO SIN SOLUCIONAR LOS TEMAS, HÁBLALOS CON TRANSPARENCIA Y CONFIANZA DE MANERA HONESTA, CON EMPATÍA Y ASERTIVIDAD, Y SI DESPUÉS LLEGAS A LA CONCLUSIÓN DE QUE POR ESE CAMINO O CON ESA PERSONA NO SE PUEDE CONTINUAR, ENTONCES MEJOR UNA VEZ ROJO QUE CIEN AMARILLO».

80. LOS NÚMEROS TE HARÁN LIBRE

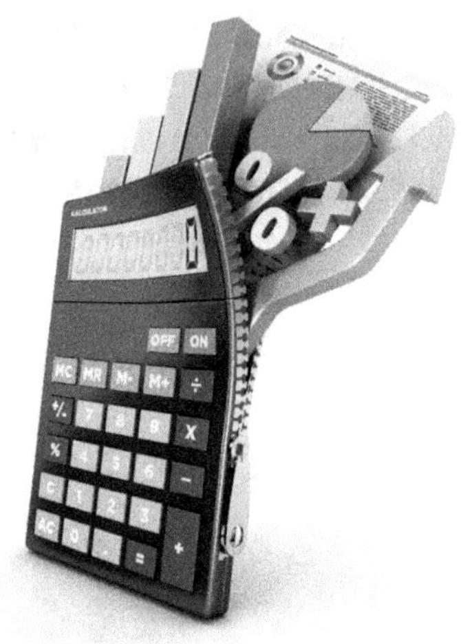

En esta vida todo son números y cifras, aunque conozco muchas personas que no quieren ni verlos ni oír hablar de ellos. Pero es que no hay más remedio.

Yo creo que es más un miedo escénico que se arrastra desde el colegio con ese «coco» que siempre eran las matemáticas. Pero si te enfrentas a ellos terminas doblegándolos y además esto te aportará una cierta satisfacción y confort en tu vida diaria.

No hay elección, y la decisión «yo me voy a letras y me quito los números de encima» no funciona. He visto a abogados antes de la celebración de un juicio haciendo números con la calculadora como locos para el acto de conciliación. En tu economía familiar, también puedes decir «bueno es que eso lo lleva mi marido o mi mujer», pero eso tampoco sirve. Imagina los líos de juicios que existen por no saber de números y estar metido con tu pareja en un negocio.

Hay que coger el toro por los cuernos, enfrentarse a los números y, sin necesidad de hacer integrales dobles, tener esas nociones básicas con las cuales saber ponerlos en contexto.

Las noticias están plagadas de ellos: conceptos como la inflación, el IPC, el índice de paro, los intereses nominales, el PIB, la renta, el patrimonio...

«SI HACES UN ESFUERZO POR COMPRENDER LOS NÚMEROS, LO QUE SIGNIFICAN Y CÓMO TE AFECTAN A TI O A TU NEGOCIO O EMPRESA, SERÁS UN POCO MÁS LIBRE Y ASÍ, CON CADA REFERENCIA QUE HAYA A ELLOS EN UN TELEDIARIO, EN UNA REUNIÓN DE AMIGOS, EN TU EMPRESA…, NO TE SENTIRÁS ATENAZADO POR EL MIEDO Y NO DEPENDERÁS DE OTROS».

81. ES DE NECIOS CONFUNDIR VALOR Y PRECIO

Esta frase del título no la dijo un economista, sino que lo hizo un poeta (Antonio Machado) y ya hace bastante tiempo.

El precio es algo que se fija en función de las diferentes estrategias que puede marcarse la empresa. Por ejemplo, si quiere ganar cuota de mercado se pueden establecer precios bajos, pero si quiere distinguirse en el mercado se pueden establecer precios altos. Pero ¿cuántas empresas son conscientes del valor que aporta al cliente su producto o servicio? Pocas fijan el precio en función de este parámetro.

Esta diferencia entre valor y precio, aunque está presente siempre en cualquier mercado, se pone de mayor relieve en las operaciones de fusión y adquisición de empresas, y es que el vendedor siempre justificará un elevado precio de su empresa y el comprador el menor precio. Pero lo que subyace en esta negociación es el valor que representa esa operación para cada uno de ellos: para el comprador puede ser la pieza que le faltaba en su cartera de productos y para el vendedor puede marcar el desarrollo de sus planes futuros tras la venta.

Por tanto, podríamos decir que el *precio* es público y externo, mientras que el *valor* es subjetivo e interno. Por eso hay personas que por un mismo producto estarían dispuestas a pagar el doble que otras.

¿Te imaginas el valor que te aporta en un determinado momento un pequeño tornillo que te permite arreglar tu bici para salir en ruta? Compáralo con su precio.

«EN AMORES Y VALORES, NO ASESORES».

82. AFLOJA TU PROPIO CORSÉ

Una vez conocí a alguien que era un padre modélico, un empleado ejemplar, un magnífico esposo, con una gran relación social y muy inteligente.

Me comentaba que estaba agotado de mantener ese ritmo, de intentar continuamente transmitir la máxima confianza y seguridad, y de tratar de no fallar nunca a nadie, y que creía que había llegado el momento de aprender a desorganizarse y a no tomarse la vida con ese nivel de responsabilidad, es decir a ser menos exigente consigo mismo.

Todo ello está relacionado con una visión muy racional, con una autoexigencia autoimpuesta que realmente no viene exigida por los demás, quienes te aceptarían del mismo modo siendo «menos perfecto». Y una de la formas de darte cuenta del corsé perfeccionista que a veces te impones a ti mismo es trabajando tu lado emocional y humano, y ver que existe realmente una enorme belleza en toda imperfección, aceptarlo y convivir con ello y ser feliz.

«ACEPTA CIERTO GRADO DE IMPERFECCIÓN Y REBAJA EL NIVEL DE AUTOEXIGENCIA».

83. NO HAY MERCADOS MADUROS, SOLO DIRECTIVOS MADUROS

Esta frase no es un reflejo de la realidad, aunque a veces se aproxima mucho, porque he oído mil veces culpar al entorno, al mercado, de todos los males de una empresa. En situaciones de turbulencia y crisis evidentemente las cosas son mucho más difíciles, pero el ejecutivo que pone pasión, que siente la empresa, busca alternativas, hace propuestas, analiza su estructura y la adecúa a la nueva situación, cambia roles, busca nichos y aprovecha al máximo lo que tiene, no se deja llevar fácilmente por el oleaje, se resiste, persevera, busca apoyos.

«UN EJECUTIVO DE PASO NO PUEDE SER UN EJECUTIVO DE PESO».

«NINGÚN MAR EN CALMA HIZO EXPERTO A UN MARINERO».

84. HAY UN SOLO JEFE EN LA EMPRESA: EL CLIENTE

Estamos en un mundo súper competitivo y el cliente está en la cúspide de la escalera de valor en las empresas; todos los departamentos tienen que estar focalizados y orientados al cliente. Como dice Sam Walton, «el cliente es el jefe y él puede echar a todos del presidente hacia abajo, simplemente decidiendo ir a gastar el dinero a otro sitio».

Sobre la famosa frase de «el cliente siempre tiene razón», estoy de acuerdo pero con matices. En condiciones normales es así; el cliente es dueño y señor de sus decisiones, pero a veces hay clientes que se vuelven caprichosos y te pueden complicar la vida en exceso. Si internamente tienes unos buenos procedimientos de venta, los abusos de este tipo pueden evitarse sin incomodar a los clientes, incluso sin que se les pase por la cabeza pedir más de lo que están pagando. Pero como no sea así un solo cliente te puede llevar a la ruina con sus exigencias y pretensiones, así que mucho cuidado con esto.

Es importante también distinguir entre la venta y el *marketing*. La primera es una acción que se enfoca desde la oferta (la empresa) y el segundo desde la demanda (el cliente), la acción combinada de ambos puede conseguir importantes resultados.

También es interesante diferenciar entre hacer una venta o un cliente; la venta se puede hacer sin que se haya conseguido un «cliente». Sucede cuando alguien te compra una sola vez, mientras que un cliente es aquel que te compra recurrentemente.

Toda la organización debe estar orientada al cliente. Y cuando digo toda, son todas las personas y departamentos, tengan o no relación directa con el cliente.

Si aplicamos este principio a la vida personal, diríamos que tú debes estar orientado a las personas, no solo a ti, ya que para ser tienes que contar contigo, pero para existir debes contar con los demás.

«EN REALIDAD TODO NEGOCIO ES UN NEGOCIO DE SERVICIOS, SU EMPRESA NO ES UN NEGOCIO DE PRODUCTOS QUÍMICOS, ES UN NEGOCIO DE SERVICIOS DE PRODUCTOS QUÍMICOS».
PHILIP KOTLER

85. ¿RACIONAL O RACIONALIZADOR?

Las decisiones, en muchas ocasiones se toman de manera emocional y *a posteriori* buscamos su racionalidad para justificarlas.

Te dejo esta pregunta: ¿somos racionales o racionalizadores?

Razonar significa utilizar la inteligencia con el objeto de asociar ideas para llegar a una conclusión; *racionalizar* es buscar razonamientos para justificar algo que ya hemos decidido.

¿Es posible que en muchos casos partamos ya de una idea preconcebida y luego intentemos racionalizarla?

Como dice el profesor Daniel Kahneman (Premio Nobel de Economía 2002), nuestra mente tiene dos pasajeros: un sistema automático o intuitivo, que es el que está activo la mayor parte del tiempo, y un sistema esforzado o analítico.

El primero saca conclusiones inmediatas; el segundo hace razonamientos, pero es vago y tiene limitada su capacidad de procesamiento.

El segundo entra en funcionamiento si el primero percibe algo raro; recordemos que la mente se rige por la ley del mínimo esfuerzo.

Vuelvo a dejar la pregunta: ¿racionales o racionalizadores? Para que encuentres una respuesta te dejo el siguiente ejercicio:

«Una raqueta y una pelota cuestan 1,10€; la raqueta cuesta 1€ más que la pelota. ¿Cuánto cuesta la raqueta?» Atento a los dos pasajeros de tu mente...

«RECUERDA LO IMPORTANTE QUE ES CAUSAR BUENA IMPRESIÓN, UNA BUENA PRESENTACIÓN, LA IMAGEN…»

86. NO HAY UNA SEGUNDA OPORTUNIDAD PARA CAUSAR UNA PRIMERA IMPRESIÓN

Esta frase tiene más trascendencia de lo que parece. A veces no le damos importancia, pero el ser humano juzga y cataloga en la primera impresión y darle la vuelta a ese prejuicio que se crea es complicado (recordemos lo de racionalizar).

En una primera cita, en una entrevista de trabajo, en una presentación…, es muy importante tu imagen, tu forma de estar. No quiero decir que convirtamos esa primera impresión en un fin en sí mismo y que luego no haya nada debajo, sino que siendo coherentes con nuestra forma de ser y sentir nos esmeremos en agradar, en presentarnos de forma decente, ya que si no es así, de entrada ya llevarás un punto negativo. El ser humano funciona de esta manera.

«ES MÁS FÁCIL DESINTEGRAR UN ÁTOMO QUE UN PREJUICIO».
ALBERT EINSTEIN

87. UNA EMPRESA EXCELENTE Y UN CUERPO SALUDABLE

El fin no justifica los medios, es decir, que la finalidad de una empresa no debe ser conseguir beneficio a toda costa, sino que el beneficio es una consecuencia al servicio de un fin mayor que es su responsabilidad social, cómo contribuye esa empresa con la sociedad y con el mundo en general y todo ello yendo más allá del tan maltratado concepto de Responsabilidad Social Corporativa (RSC), y pasar al de Creación de Valor Compartido (CVC), que según lo define Michael Porter, es «la capacidad de una empresa para ir más allá de satisfacer las necesidades del cliente y abordar necesidades sociales fundamentales a través de su modelo de negocio», es decir, satisfacer necesidades sociales de manera rentable.

Desde aquí aconsejo a los emprendedores y a aquellos que realizan la difícil tarea de ser empresarios que basen la generación de beneficios en la satisfacción de las necesidades sociales a las que contribuye su negocio y que esta finalidad les haga más grandes cada día.

«EN UNA EMPRESA EXCELENTE EL BENEFICIO Y EL FLUJO DE CAJA SON COMO EL AGUA Y LA SANGRE EN UN CUERPO SALUDABLE, PERO NO SON LA RAZÓN DE LA VIDA».

88. EL AZAR REPARTE LAS CARTAS, PERO TÚ TIENES QUE JUGARLAS

Así es. Cada uno nacemos en una familia que no elegimos y tenemos unos recursos que nos vienen dados. Estas son nuestras cartas de inicio; a partir de ahí nos toca jugar la partida de la vida.

Cada uno de nosotros buscará para sí su jugada ganadora, esa jugada que le otorgue la felicidad. Creo que en esto estamos de acuerdo todos porque, aunque tengamos cartas diferentes, en esencia todos somos iguales.

Es una partida que no es sencilla. El ser humano muestra una disconformidad innata con lo que tiene y permanentemente intenta cambiarlo. Esto no es malo, pero hay que hacerlo sin hacerse trampas en el solitario, porque el mero hecho de cambiar de cama de hospital no soluciona la enfermedad; la solución viene a través de un cambio real interior y no meramente material.

Todos nacemos y morimos, y ese trayecto lo realizamos en condiciones diferentes, en transportes distintos. Para unos es sinuoso, tiene curvas, túneles; para otros es más recto, más llano, pero todos tenemos el mismo destino.

En el trayecto hay muchas paradas y, aunque partas con un billete de segunda, si lo trabajas y le pones ganas, ilusión y pasión, puedes cambiar el billete y coger un asiento de primera que te haga más confortable el trayecto.

Ojo si te duermes demasiado: también el billete de primera que te dieron al nacer lo puedes perder y pasar a segunda.

«TODO DEPENDE DE TI, DE CÓMO JUEGUES TU PARTIDA VITAL».

89. LAS MENTES SON COMO LOS PARACAIDAS, FUNCIONAN CUANDO SE ABREN

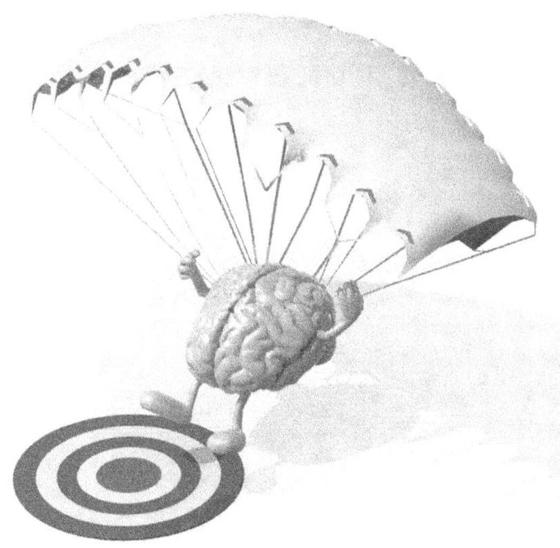

«La mente del hombre estirada por una nueva idea jamás recobra su tamaño original».

OLIVER WENDELL HOLMES, Corte Suprema EE.UU, 1897

Una mente abierta es una mente cuyo mapa nunca está terminado, sino que se va completando trazo a trazo, aprendizaje a aprendizaje, a través de la interrelación con los demás, la comprensión de otros mapas, la aceptación de la crítica constructiva, la valoración de las discrepancias como complementariedades, la empatía, aprender de los errores, adquirir nuevos conocimientos, una visión positiva con resistencia ante lo adverso. Viendo oportunidades, y no problemas, retos, y no amenazas.

Para mí esto es una mente abierta que día a día va dibujando trazos en su mapa expandiéndolo y conquistando nuevos territorios.

Esto quiere decir que hay que ir ampliando nuestra base mental de manera lógica y argumental, pero no que todo nos sirva, ya que como dice la canción de Tim Minchin:

«SI ABRES DEMASIADO TU MENTE SE TE CAERÁ EL CEREBRO».

90. ES EL CONTEXTO EL QUE DA SENTIDO A UN TEXTO

El contexto se define como «el conjunto de circunstancias que rodean una situación y sin las cuales está no se puede comprender correctamente».

Hemos escuchado muchas veces, sobre todo en el mundo de la prensa, aquello de «esta frase está fuera de contexto» y, efectivamente, lo que contextualiza, lo que da sentido a una frase, a una acción, es el contexto.

Esto para mí es muy importante en todos los órdenes de la vida: el contexto es como una banda sonora que tienes que interpretar y entender allá donde estés. Si te sales de esa armonía, si desafinas mucho se nota, y no solo se nota, sino que afecta a las personas a tu alrededor.

Este es un tema, a mi modo de ver, que tenemos que cuidar mucho y estar siempre presentes para no desafinar: una broma inoportuna, un comentario, una acción, pueden malinterpretarse y tener efectos adversos para ti y para otras personas, aunque lo hayas hecho de manera inconsciente o con buena intención.

Todos hemos dicho o hecho cosas fuera de contexto, porque a veces el impacto emocional de la idea que te viene a la mente es tan fuerte que no lo puedes contener y allá va, venga o no venga «al pelo». También puede suceder porque estés pensando demasiado en ti y no tanto en quien tienes enfrente. Todo esto hay que valorarlo, estar pendiente de ello, gestionar las emociones, practicar el hábito «gano-ganas», empatizar, escuchar activamente y gestionar los silencios, porque no estás obligado a hablar; es preferible estar callado a decir algo fuera de contexto.

«NO HABLES A MENOS QUE PUEDAS MEJORAR EL SILENCIO».
JORGE LUIS BORGES

91. EL HUMOR, ASIGNA-TURA PENDIENTE

No podía dejar de mencionar el humor, aunque sea un tema en el que personalmente me queda camino por recorrer, pero lo más importante es tomar conciencia y tener el propósito de evolucionar.

En mi caso quizás dé una imagen de serio, pero quienes me conocen siempre me han dicho que eso es solo un caparazón y que por debajo hay sentido del humor.

Esto me anima a intentar día a día superarme en esta faceta, buscando la oportunidad de comentar anécdotas divertidas, contar chistes e intentando ver la vida con un sentido más positivo y alegre.

Hemos de tener muy presente que tener sentido del humor y estar sonrientes no es sinónimo de poca responsabilidad, ni mucho menos. Yo creo que tener sentido del humor es de inteligentes, de personas liberadas, de gente feliz.

Claro que hay diferentes tipos de humor y que hay personas que se refugian en la burla, la ironía, el sarcasmo o la ridiculización constante de los que les rodean como medio de autoprotección. No me refiero, claro, a este tipo de humor, sino al que nos protege de todo lo que nos deshumaniza o nos niega la alegría de vivir y que fomenta una actitud positiva frente a la vida.

Estoy de acuerdo con Javier del Rey Morató cuando dice:

«LA INTELIGENCIA TIENE DISTINTAS MANERAS DE DISFRUTAR DEL MUNDO, Y EL HUMOR ES UNA DE ELLAS».

92. DIBUJANDO TU NUEVO PERFIL

Todo lo dicho en las páginas anteriores es consecuencia de la búsqueda de mi mejor versión, la más auténtica y genuina, descubriendo mis fortalezas y capacidades, esforzándome en su desarrollo y aplicándolas en mi vida.

Te invito a dibujar tu nuevo perfil, a atreverte, a abandonar tu zona de confort y a adentrarte en la consecución de nuevos retos, a realizarte, a descubrirte, hasta llegar a un estado de plenitud que te haga feliz.

Espero que este libro contribuya a todo eso y suponga para ti un estímulo para iniciar los primeros pasos en tu nueva andadura.

«¿TE ATREVES?»